삶의 어둠 속에서도 희망이라는 빛의 실마리를 찾아낸 사람은 어머니와 천재들이다.

_ 페드로 알모도바르

30 · 40 · 50대 **세 여자**의 일과 삶

블루베리 스무디

김정화 · 이수성 · 임은빈 지음

| 시작하는 글 |

1,000일의 여인들

목표는 지극히 단순했다. 글을 좀 더 잘 써볼까 하는 마음이 전부였다. 창밖으로 83타워가 보이고 뒤로는 앞산이 펼쳐진, 절로 글이 잘 써질 법한 공간에서 두 사람이 모였고 이내 셋과 넷으로 불어났다. 2022년 3월, 매주 금요일 저녁에 만나 서로를 독려하는 앞산에서의 글쓰기는 그렇게 시작되었다.

날이 가고 달이 가고 계절이 바뀌고 해가 바뀌기를 2년. 글이 조금씩 좋아지는 즐거움에 도취되고, 함께 글을 쓰는 이들의 인간적인 매력에 빠졌다가, 점차로 익숙해진 일상이 되어버린 글쓰기 모임이 매너리즘으로 뒤덮이려는 찰나 날아든 누군가의 한 마디. "우리 이젠 책을 한 번 써보죠?" 그러자고, 못 할 거 뭐 있겠냐고 그녀들은 덤벼들었지만, 막상 나는 좌불안석이었다. 성향도 다르고 세대도 다른 세 사람의 글이 조화롭게 섞일 수 있을까. 그렇다 한들 현실성 있는 도전이 맞을까. 괜히 상처만 입고 돌아서는 건 아닐까. 머릿속은 복잡했고 마음은 답답했지만 달리 해결책은 보이지 않았다. 그저 잘 쓰도록 옆에서 독려하고 지지하고 응원해주는 것 뿐. 그렇게 다시 한 해를 넘겼다.

세 사람 누구도 자신의 글이 책으로 엮이게 될 거라 기대하지 않았을 것이다. 내 생각을 정확하게 전달할 수만 있다면, 내 속내를 정제시킨 글로 드러낼 수 있다면 좋겠다는 순수한 마음으로 시작한 것이었으니 말이다. 그런데 그녀들은 해냈다. 서툴러도 솔직하고, 거칠지언정 단단한 내공을 차곡차곡 쌓아온 터였다. 1,000일의 시간이 결코 헛되지 않았다는 것을 스스로 증명하면서 각자의 삶과 일에 대한 역사를 글로 완성했다. 오랜 시간 지켜본 사람으로 감사하고 뿌듯하다.

그러니까 이 책은 대구에서 태어나 대구에서 살아온 30대 40대 50대 세 여자의 이야기다. 공통의 테마를 솔직하게 토로하는 동안, 자신의 삶을 복기하고 미래를 준비하려는 인생 백서 같은 것이다. 책은 연애와 결혼에서 가족에 대한 사랑과 여행과 삶의 철학과 그 시절 우리가 함께 울고 웃던 추억들로 채웠다. 대단한 이야기나 놀랍고 드라마틱한 반전이 없을지라도, 잔잔한 일상과

평범한 하루 속에서 기쁨을 나누고 위로를 얻는 소시민의 모습을 만날 수 있다. 세 사람의 연령이 각기 다른 만큼, 같은 소재를 바라보는 다른 시각을 엿보는 재미도 있을 것이다.

글쓰기에 투신하며 함께 동고동락한 3년 동안 각자에게도 많은 변화가 있었다. 삶의 편린을 여과 없이 드러내며 거침없는 글쓰기를 보여주었던 맏언니 김정화 한의사는 근래 마음의 평안을 되찾은 느낌이다. 자녀가 공무원 시험에 합격하는 기쁨도 한몫했을 터. 분위기 메이커 이수성 선생은 미국에 유학 간 두 아들이 명문대에 입학하는 감격을 맞보았고, 여전히 엄마로 교수로 자기 일에 매진 중이다. 막내 임은빈은 올해 6월 세상에서 가장 행복한 신부가 되었다. 글에서 드러난 당찬 모습으로 잘 살 거라 믿는다. 그런데, 제목이 왜 블루베리 스무디냐고?

한때 '블루베리 스무디' 발음으로 서울과 대구 출신을 구분하는 놀이가 유행했다. 블루베리 스무디를 부드럽고 자연스럽게 발음하는 서울 사람의 세련과는 다르지만, 지역 특유의 끈끈한 정과 눅진한 정서를 확실하게 보여주기에 '블루베리 스무디'라는 단어보다 더 적합한 말은 없다고 생각했다.

이제, 딸로 여자로 아내로 엄마로 며느리로 살아온 세 여자 특유의 좌충우돌 생존기. 특별할 거 없지만, 그녀들만의 특별한 '블루베리 스무디'가 시작된다.

  1,000일의 시간이 책 한 권으로 묶였으니 조금은 안도한다. 성원해 준 모든 이에게 고마운 마음이다. 마음먹기 쉽지 않은 콘텐츠인데도 선뜻 손잡아 준 피서산장 박상욱 대표께 모두를 대신해 감사를 전한다. 피서산장이 아니라면 엄두도 못 낼 일이었다.

2025년 가을이 시작된 날
그녀들과 행복한 1,000일을 보낸 글쓰기 선생

차례

시작하는 글 1,000일의 여인들 … 6

'30_ 임은빈

연애, 나의 해방일지 … 15
조용한 식사 … 19
진통제는 개뿔 … 23
랜선의 사랑 … 26
나의 Hair 연대기 … 29
나 홀로 여행: 겨울 바다 … 32
차보다 사람이 먼저 … 36
울 준비하시고, 우세요! … 39
알갱이와 명품 … 42
자기계발의 추억 … 45
대구, 동네, 알 수 없는 죄책감 … 48
분리와 고독에 관하여 … 50
욕망이라는 이름의 0번 버스 … 53
나는 더 가벼워질 거다 … 56

'40_ 이수성

블루베리 스무디 … 61
입꼬리가 올라간다 … 66
엄마표 계란볶음밥 … 71
다시 채우기 … 75
나도 어쩔 수 없는 아줌마 … 78
두 개로 보인다 … 82
사라지지 않는 것들을 위하여 … 86
아날로그 세상을 그리며 … 91
대백 남문에서 만나 … 94
사랑은 일방통행 … 97
진통제 … 101
츄뇨 꽃이 피는 날 … 105

블·루·베·리·스·무·디

'50_ 김정화

대구가 고향입니다 … 111
기억은 못 해도 … 114
당돌했네요, 난설헌 … 117
나는 네가 한 일을 알고 있다 … 120
내가 왜 트러블 메이커야? … 123
Sad Movie Make Me Cry … 126
인간, 존재 자체로 명품 … 128
죽음은 고유한 삶이다 … 131
우리는 시내에 간다 … 134
스마트폰 기술에 환호하며 … 137
결혼, 온유한 멍에 … 140
미추(美醜)에 구분이 있을까? … 142
플레이 스톱, 플레이 스톱 … 145
인생의 해답이라도 … 148

커피는 코펠 커피지 … 151
I'm on diet … 154
밥 … 157
고독은 깊음이다 … 159

나가는 글 혹은 소회 '짓다' … 162

30

임은빈

임은빈 (삶의 전환기에서 기록을 이어가는 사람)

'30

수상해 보이는 사람들이 수상해 보이는 아저씨를 중심으로 삼삼오오 모였다. 그들은 매주 수요일, 매번 같은 장소에서 만났지만 그다지 친해 보이지는 않았다. 추운 겨울날에는 난로에 기름을 채워주며 슬쩍, 무더운 여름날에는 모기향을 피워주며 한 번 더 슬쩍. 화질도 좋지 않은 흑백 영화에 어쩌면 저리 푹 빠질 수 있을까.

졸업 후 잠깐 하려던 게스트하우스 아르바이트는 일 년을 넘기고 그만두었다. 공간을 빌린 그들을 지켜보던 일도 자연스레 멈췄다. 그때가 아마 글쓰기의 시작이었나 보다. 나는 관찰자이기를 멈추고 그들 틈에 섞였다. 영화를 보고, 이야기를 나누고, 생각을 듣는 자리 끝에 내 노트에도 어느새 문장이 적히고 있었다.

나에겐 네 살 많은 언니가 있다. 어릴 적, 아빠 친구들의 가족 모임으로 식당 큰 방이 북적이던 날이 있었다. 한 어른이, 각 집안 막내가 가족 소개를 하자고 제안했다. 얼굴을 붉히며 한참을 우물쭈물 망설이자, 그때 언니가 또랑또랑한 목소리로 나를 대신해 시선을 막아섰다. 잠깐이었지만, 그날 언니에게 후광이 비치는 걸 목격했다.

동생으로 태어나서 참 다행이다. 언니 등 뒤에 서 있는 것이 언제나 안심되었다. 그래서인지 책을 내는 이 순간도, 앞서 걷고 있던 그녀들과 함께여서 든든하다. 수상했던 아저씨는 이제 글쓰기 선생님이 된 지 몇 년째이고 모범생의 글이 아니어서 더 재밌다며 스스로 의심하다가 진이 빠진 내게 자꾸만 용기를 채워준다. 그간 머릿속을 헤집고 다닌 것들을 종이 위에 붙잡아 놓고 보니, 부끄러워 숨고 싶다. 하지만 그냥 나아가 보련다. 언니들 등 뒤에 서서 말이다.

'30
연애, 나의 해방일지

거리를 여유롭게 거닐 수 있는 평일 오후다. 어느새 벚꽃이 만개한 거리를 자동차도 사람도 느리게 느리게 풍경을 담으며 지나간다. 며칠 사이 확연하게 따뜻해진 바람 때문인지 어른, 아이 할 것 없이 다들 들떠 보인다. 봄이 찾아왔다. 옷차림도 가벼워지고 로맨틱한 영화의 주인공이 될 것만 같은 봄날, 나는 전할 수 없는 사과문이자, 아마도 일기장 한 귀퉁이에 써지고 말 반성문을 쓴다.

모든 일에 앞서 계획 세우기를 좋아하던 때가 있었다. 특히 낯선 일을 마주할 때면 경우의 수와 최적의 동선을 생각하느라 머릿속이 바빴다. 한창 시간 관리에 매달렸을 땐 하루를 삼십 분 단위로 쪼개어 계획을 세웠다. 계획을 완벽히 실행한 날엔 부지런한 나에게 취했다. 이 모든 행위는 불안에 기인한 것이다. 예상하지 못한 일을 맞닥뜨리는 것에 대한 불안이다. 미리 대비하는 습관 덕분에 가끔 스트레스는 받았어도 대부분 평온한 날을 유지할 수 있었다. 하지만 잔잔한 마음을 흔들어 놓는 것이 하나 있었는데, 바로 연애다. 상대를 좋아하는 나의 마음이 너무 커서 감당하기 어려울 때나, 상대가 내 기대만큼 행동하지 않을 때마다 나는 때때로 차분함을 잃곤 했다.

상상해 보자. 팔걸이 달린 커다랗고 푹신한 빨간 소파가 있다. 나는 그 소파 끝에 살짝 걸터앉아 있다. 내 앞에는 게임 속 캐릭터의 생명 게이지처럼 빨간 불이 들어온 버튼들이 여러 개 놓여 있다. 나는 마치 오디션 심사위원이라도 된 듯 소파 끝에 앉아 상대를 내려다본다. 거만함과 초조함이 뒤섞인 채. 상처받지 않으려 상대를 이리저리 재단한다. 조금이라도 내 마음에 들지 않는 모습이 보이거나 맞지 않는 부분을 발견하면 주저 없이 빨간 버튼을 눌렀다. 나를 떠날 것 같은 두려움에 지레 겁먹고 서둘러 버튼을 누른 적도 있다. 버튼을 누를 때마다 새빨간 불은 차갑게 꺼졌고 결국 마지막 불빛이 꺼지면 끝이 났다.

잔잔하던 마음에 비가 쏟아진다. 낮에는 일에 몰두하여 바쁘게 지내다가도 집으로 돌아가는 차 안에서는 운전대를 붙잡고 울었다. 아무도 보는 사람이 없으니 마음껏 울어도 된다는 안도감에 얼굴을 마구 일그러뜨리며 울음을 토해냈다. 시야가 눈물로 뿌옇게 흐려지자 습관적으로 자동차 와이퍼를 켰다. 물기 없는 애꿎은 차 유리창은 기분 나쁜 소리만 뻑뻑 냈다. 웃음이 터졌다. 울면서 웃는 기이한 얼굴을 혼자만 본 게 아쉬울 정도다. 마음을 다 주지 못한 것에 대한 후회와 미안함, 마지막인 듯 연애하는 사람들을 부러워하며 한 해 두 해 시간은 흘렀다.

 더는 운전대를 붙잡고 울진 않지만, 누군가를 만날 생각도 없었다. 그 무렵 드라마 〈나의 해방일지〉에서 '추앙하다'라는 대사가 유행했다. 단조로운 일상에 지쳐 있던 미정은, 과묵하고 비밀스러운 남자 구씨에게 자신을 추앙하라고 명령에 가까운 요구를 한다. 사랑한다는 말로도 채워지지 않는 결핍 때문이었다. 그에 대해 구씨는 의외의 대답을 한다. 너는 누군가를 추앙해 본 적 있느냐고. 미정은 각성이라도 한 듯 상대를 단 한 번도 나무라지 않고, 과거도 묻지 않으며, 있는 그대로 받아들인다. 미정의 믿음과 따뜻한 시선 속에서 구씨는 조금씩 변화하고 미정 역시 점차 밝아진다.

 언제나 상대가 나를 온전히 받아주길 바라면서도, 정작 나는 그러지 못했다. 끊임없이 상대를 판단하고 재단하며 머뭇거렸다. 손해 보지 않으려는 마음을 상처받지 않으려는 방어라고 합리화하며 상대를 있는 그대로 받아들이지 않고 높은 잣대를 들이댔다. 부끄러운 일이다.

세계는 이미 정교하게 설계되었는지도 모른다. 그렇지 않고서야 내게 필요한 말이 꼭 필요한 순간에 우연처럼 찾아올 리 없으니까.

'30
조용한 식사

　유리그릇을 숟가락으로 부드럽게 긁는 소리, 쇠젓가락 부딪치는 경쾌하고 또렷한 소리. 어린 시절, 할머니와의 저녁 식사를 생각하면 떠오르는 소리다. 꼭 해야 할 말이 아니면 말이 없으셨던 조용한 할머니와 그런 할머니를 닮아 조용하고 숫기 없던 어린 손녀. 우리 둘만의 저녁 식사는 달그락대는 식기 소리와 음식 씹는 소리만 들렸다. 당시의 나는 내가 먹는 음식들이 하늘에서 뚝 떨어졌을 리 없다는 것쯤은 아는 나이였다. 부모님은 일로 바쁘셨고, 네 살 터울의 언니는 0교시며 야자며 내가 알 수 없는 것들을 해내느라 바빴다. 저녁은 주로 할머니와 나, 둘만의 시간이었고 이것은 당연했다.

　할머니는 조용한 사람이었다. 할머니에게 부정적인 말을 듣거나 크게 혼난 기억은 없다. 그러나 나는 학원을 다녀오겠다며 나가서 학원에 오지 않았다는 전화를 받게 한다거나, 심부름으로 두부를 사러 간 길에 샛길로 빠져 두부는 벤치에 올려두고 놀이터에서 그네를 타는 모습을 할머니가 목격하도록 만들었다. 이건 모두 최근에 부모님께 들은 이야기이고 나의 기억에는 없는 것을 보니 그때도 크게 혼난 것 같진 않다.

할머니는 귀가 어두웠다. 보청기를 껴도 큰 소리로 말을 해야 했다. 할머니가 조용해진 건 어쩔 수 없는 일이었다. 지금은 현관문 앞에서 번호를 누르지만, 어릴 적 우리 집 문은 작은 열쇠로 열렸다. 그리고 하단에는 신문이나 우유를 넣을 수 있는 투입구가 있었다. 우리 가족은 주로 그곳에 비상 열쇠를 두곤 했다. 그러나 열쇠를 챙기는 것을 깜빡하거나 투입구에도 열쇠가 없는 운이 안 좋은 날에는, 초인종 소리를 잘 듣지 못하는 할머니가 문을 열어주기를 하염없이 기다려야만 했다. 초인종을 누른 후 복도에 울리는 소리를 줄이기 위해 두 손으로 스피커를 막는 것을 거듭 반복했다. 그럴 때면 가슴 중앙이 꽉 막힌 것 같은 느낌이 들었다.

조용한 할머니가 유일하게 큰 소리를 낸 적이 있다. 장대비가 쏟아져서 같이 놀던 동네 친구들은 비를 피해 집으로 돌아갔지만, 난 드디어 이날이 왔구나 싶었던 날이었다. 언제부턴가 놀이터 바닥은 모래 대신 넘어져도 아프지 않은 폭신한 재료로 바뀌었지만, 그때는 모두 모래였다. 나는 모래와 작은 돌로 바지 주머니를 채울 만큼 놀이터를 마구 누비고 다닌 아이였다. 집을 짓고 길과 터널을 만들기 위해서는 퍼석한 모래를 단단하게 뭉쳐줄 물이 필요하다. 빈 페트병을 하나 주워 놀이터 밖 수도에서 물을 길어 오길 여러 번 반복하다 보면, 진이 빠진다는 말의 뜻을 저절로 알게 된다. 그런데 하늘에서 물이 쏟아지다니, 이 얼마나 기쁜 일인가.

빗물에 자꾸만 무너지는 모래 터널을 손으로 두드리던 중, 저 멀리 11층에서 날 부르는 할머니의 목소리가 들렸다. 비가 오는데도 집에 들어오지 않는 내가 있을 곳은 놀이터뿐이라고 생각하셨나 보다. 처음에는 빗소리에 묻혀 못 들은 척했다. 그러나 곧 아파트 단지를 울릴 만큼 우렁찬 할머니의 괴성은 모래집을 짓는 것을 멈추게 했다. 이것이 처음이자 마지막으로 할머니가 내게 큰 소리를 낸 기억이다.

다시 또 말 없는 식사를 한다. 유리그릇을 숟가락으로 부드럽게 긁는 소리, 쇠젓가락 부딪치는 경쾌하고 또렷한 소리.

내가 씹고 삼키는 사이 할머니는 깻잎 한 장을 내 밥그릇에 걸

쳐놓는다. 다 삼키기도 전에 한 장을 다시 걸쳐놓는다. 할머니가 만든 음식은 모두 맛있지만, 국이나 찌개는 소금을 들이부은 것처럼 짜다. 나이가 들면 맛을 느끼는 감각이 약해진다는 아빠의 말이 떠올랐다. 나는 할머니 몰래 재빠르게 국에 물을 부었다. 그리고 더 열심히 먹었다. 그러면 할머니는 더 열심히 깻잎을 떼어 주고 김치를 찢어 주며 반찬을 내 앞쪽으로 밀었다. 그렇게 몇 번을 반복하다 보면 둘만의 조용한 식사는 끝이 난다.

30
진통제는 개뿔

두통이다. 머리가 지끈거린다. 그렇다고 약을 먹는 건 애매하다. 지금 먹는 한 알이 나중엔 두 알이 될까 우려된다. 시간을 끌다가, 더는 안 되겠다 싶어 한 알 꺼내 먹었다. 언제 아팠나 싶을 만큼 금세 괜찮아진다. 진작 먹을 걸, 후회한다. 몸이 아플 땐 약을 먹으면 되지만, 약으로도 해결되지 않는 고통이 있다. 사람들과의 갈등, 연인과의 이별, 불안한 미래로 인한 염려 등이다. 그럴 때면 아이러니하게도 나는 나를 더 괴롭힌다.

며칠 전 다양한 연령대의 사람들과 자신만의 스트레스 해소법과 힐링하는 방법에 관해 이야기 나눌 기회가 있었다. 누군가는 좋아하는 음악을 들으며 드라이브를 하고, 또 누군가는 절에 가만히 앉아 있으면 기분이 나아진다고 했다. 또 편한 친구를 만나

하룻강아지처럼 마구 짖어대듯, 무슨 말을 하는지도 모른 채 신나게 쏟아내고 나면 후련해진다는 사람도 있었다. 그 틈에서 나는, 저는 저를 더 괴롭혀요, 라고 말했다. 이윽고 의아하다는 감탄사인지 무엇인지 모를 소리가 사람들 입에서 새어 나왔고, 몸을 괴롭히는 자세한 예시를 덧붙였을 때 비로소 감탄이 아닌 경악에 가까운 탄식이었다는 걸 알게 되었다.

이야기가 스릴러로 흘러가는 것 같지만, 아니다. 고통에 희열을 느끼는 타입의 사람도 아니다. 방영 초반 그다지 주목을 받지 못하다가 매회 최고 시청률을 갱신하며 종영한 〈또 오해영〉이란 드라마가 있다. 주인공 오해영은 연인과 헤어진 후, 괴로운 마음에 온종일 작은 구두를 신고 다닌다. 신경이 온통 발에 가 있으니 헤어진 상대를 덜 생각하게 된다는 게 이유였다.

나는 진통제 한 알이 필요한 날이면 오해영의 작은 구두 대신 천 미터 넘는 산을 오르거나, 십 킬로미터쯤 되는 길을 무작정 걷곤 한다. 주변인들은 내가 운동이나 등산을 좋아하는 에너지 넘치는 사람으로 알겠지만, 오해다. 나름 거룩한 뜻이 있어 몸을 움직이는 것이다. 몸을 혹사하면서 단박에 무언가를 깨우치고 어떤 계시의 목소리를 듣고 싶은 우스운 기대를 한다. 하지만 들리는 건 숨소리뿐, 개뿔 아무것도 없었다.

그런데도 내쉬는 숨소리에만 집중하다 보면 해결되지 않는 고민과 답답함에서 잠시나마 해방될 수 있었다. 남에게 들키고 싶지 않은 초라한 마음을 한라산과 지리산과 설악산 봉우리마다 하나씩 덜어두고 온다. 끊임없이 스스로 괴롭히는 못난 마음도 헨젤과 그레텔이 빵 부스러기 떨어뜨리는 것처럼 땅 위에 떨어뜨린다. 산이며 땅이며 얘네들은 나보다 오래 살았으니 이 정도는 너그럽게 봐주겠지. 진통제 한번 참 비싸다.

'30
랜선의 사랑

기억나진 않겠지만 대한민국 성인들 대부분은 아기였을 때 이런 질문을 한 번쯤은 들어봤을 것이다. 엄마 어딨어? 아빠는 어딨어? 순전히 엄마 아빠를 식별하는지 궁금해서라기보다는 아기들의 반응이 귀엽고 신기해서 자꾸 묻게 되는 것이다. 아기들은 보통 9개월이 지나면 주변 환경에 점점 더 반응하기 시작한다. 쿵 하는 소리에 숟가락을 반복해서 떨어뜨리는가 하면 사람의 표정과 목소리에 반응하면서 점점 타인이라는 존재를 인식하게 된다.

우리 집도 어김없이 첫 조카를 앞에 두고 온 가족이 모여 같은 질문을 던졌다. 조카는 짧은 손가락으로 엄마, 아빠를 정확히 가리켰고, 기특하게도 할아버지와 할머니도 맞혔다. 마지막으로 이모는 어디 있냐는 질문이 나오자, 조카는 당당하고 순진한 눈빛으로 앞에 놓인 스마트폰을 가리켰다. 거의 매일 영상통화로 랜선 육아를 함께한 탓에, 작은 화면 속에 이모가 있다고 믿은 것이다.

지난 주말 친구 결혼식에 다녀왔다. 요즘은 경조사나 특별한 날이 아니면 친구들과도 굳이 약속을 잡지 않기에, 오랜만에 보는 얼굴들이 무척 반가웠다. 어릴 적 코 흘리며 함께 뛰놀던 남자 사람 친구와 주식 이야기를 나눴다. 친구는 자신의 수익률을 자랑하며 폰 화면을 내밀었는데, 빨간 숫자를 채 다 읽기도 전에 별안간 소개팅 앱 알람이 불쑥 떴다. 친구는 잽싸게 폰을 가져갔고, 나와 친구들은 일제히 야유를 보냈다.

소개팅 앱을 숨기는 게 오히려 부자연스러운 시대다. 하지만 내 주변엔 아직 어색함이나 부정적인 시선이 남아 있다. 친구가 민망해할까 봐 오히려 더 장난스럽게 굴었지만, 한편으론 사람을 만날 기회가 점점 줄어드는 현실이 씁쓸했다. 점점 휑해지는 친구의 정수리가 그날따라 유난히 황량해 보였다.

옷깃만 스쳐도 인연이라는데, 클릭 한 번으로도 인연은 시작될 수 있지 않을까. 인친(인스타그램 친구)이나 페친(페이스북 친구)으로 불리는 세상 속 수많은 프로필 중 서로를 알아본다면, 그

것 또한 분명 인연일 것이다. 여러 우연이 겹쳐 자신의 이상형을 만나 사랑에 빠진 사람들은 그 만남을 필연이라고 믿는다. 하필이면 지금, 하필이면 그와. 단지 장소만 오프라인에서 온라인으로 바뀌었을 뿐이다.

점점 더 짧은 주기로 업그레이드되는 기술의 시대에 태어난 조카는 앞으로 붉은 실이 아닌, 랜선으로 이어진 인연에 더 익숙할지도 모른다. 빅 데이터를 기반으로 나에게 꼭 맞는 사람을 찾아준다면 그 안에서 시작된 인연도 더는 낯설지 않을 것이다.

실제로 대면해야 관계가 깊어진다는 말엔 분명 일리가 있다. 얼굴을 마주하고 눈빛을 주고받는 것이 중요한 순간이 있으니까. 하지만 대면한다고 해서 상대를 온전히 이해한다고 장담할 수 있을까. 눈빛만 봐도 알 수 있고 옷깃만 스쳐도 느낄 수 있다는 노랫말처럼 우리는 상대를 다 알 수 있을 거라 믿는다. 하지만 현실은 그렇지 않다는 것을 우리는 이미 너무 잘 알고 있다.

'30
나의 Hair 연대기

 일 년에 두어 번 미용실에 가니, 자주 이용하는 편은 아니다. 최근에는 어깨에 닿는 길이로 자르고 층을 낸 뒤 끝부분에만 살짝 웨이브를 넣는 스타일을 주로 하고 있다. 바람에도 쉽게 상하는 머릿결을 부드럽게 유지하려면 주기적으로 미용실에 방문하라고 디자이너는 권유한다. 상술인지 아닌지는 알 수 없으나, 시간이 지날수록 덥수룩해지는 머리를 고무줄 하나로 질끈 묶는 날이 점점 많아지는 것을 보면 꼭 상술만은 아닌 것 같다.

 미용실 가는 날은 늘 약간의 긴장감을 동반한다. 어떤 스타일로 변신할지 상상하는 일은 즐겁지만, 미용사에게 설명하는 과정은 만만치 않다. 머릿속에 흐릿하게 그려진 이미지를 말로 풀어내는 것은 생각보다 어렵다. 마음에 드는 스타일을 한 연예인 사진을 보여준다면 "손님, 이건 고데기예요."라는 대답이 돌아오기 일쑤다.

 미용실 광고를 보거나 새로운 미용 기기가 출시되면 가장 먼저 떠오르는 친구가 있다. 그녀의 머리카락은 마치 고깃집 철판을 닦아내는 철 수세미를 연상시킨다. 물론 이 말을 이십 년 가까이 입 밖으로 꺼내 본 적은 없다. 모든 걸 함께해야 직성이 풀리던 중학생 시절, 우리는 미용실도 함께 다녔다. 한 번은 친구의 머리를 담당한 미용사가 인턴이었는지, 악성 곱슬머리를 삐뚤빼뚤하게 잘라놓았다. 미용실을 나서자마자, 친구는 머리를 돌려내라며 대성통곡을 했고 나는 등을 토닥이며 쭈뼛대는 걸음을 다시 미용실 안으로 돌렸다. 머리가 조금 이상한 것 같다며 기어가는 소리로 말을 꺼냈지만, 친구는 결국 몽실언니가 된 후에야 미용실을 벗어날 수 있었다. 나는 아직도 그날의 울음소리와 철 수세미를 또렷하게 기억한다.

 이제 난 쭈뼛대는 중학생은 아니지만, 종종 미용실에서 마주하는 당혹감은 성인이 되어서도 크게 달라지지 않았다. 조금 더 짧게, 그런데 너무 짧지 않게요. 컬이 조금 더 굵게 떨어지되 두피 쪽 볼륨은 풍성했으면 좋겠어요, 라는 설명을 할 때면, 나 자신도 무슨 말을 하는지 혼란스러워진다. 미용사는 고개를 끄덕이지만, 결과는 나의 상상과는 달랐다.

　미용실에 갈 때마다 새로운 스타일에 도전한다. 유행하는 머리 스타일을 따라 하기도 하며 때론 스스로 자르는 모험도 서슴지 않았다. 빠글빠글한 파마머리부터 물미역처럼 축 처진 생머리까지, 종류도 길이도 다양했다. 허리까지 오는 머리카락을 한순간에 숏컷으로 자르기도 했다. 머리를 감을 때, 아직도 긴 머리인 줄 알고 많은 양의 샴푸를 짰다가 반은 물에 흘려보내곤 했다. 짧아진 머리에 거품을 내면서 아차 싶은 순간을 몇 번 겪은 후에야 새로운 스타일에 적응했다.

　미용실을 나와 거울을 볼 때마다 느끼는 낯섦은 내 말이 닿지 못한 거리만큼 생겨나는 건지도 모르겠다. 나는 여전히 말은 어설프고 머리는 애매한 채 나만의 인생 머리를 찾아 미용실을 떠돈다. 언젠가 거울 속 나를 보고 바로 이거야, 라고 외칠 그날까지, 예약은 계속된다.

30
나 홀로 여행: 겨울 바다

뜨는 해를 보기 위해 정동진으로 향했던 우리는 그곳에서 자주 여행하자고 약속했다. 하지만 학교 졸업 후 다른 지역으로 뿔뿔이 흩어진 탓에 명절에나 겨우 얼굴 보는 것이 전부였다. 차일피일 미루는 사이 7년이 흘렀다. 올해는 한 친구가 강하게 주도하면서 다시 강릉에서 만나는 쪽으로 의견이 모였다.

대구에서 강릉까지는 네 시간 가까이 버스를 타고 이동해야 한다. 하루만 묵고 오긴 아쉬울 것 같아서 나 혼자 하루 일찍 여행지로 향했다. 점심을 먹고 느지막이 출발하니 해가 질 때쯤 도착했다. 숙소는 버스 안에서 찾아보았다. 금요일이지만 여행객의 선택을 기다리는 숙소가 아직 많이 남아 있었다. 그중엔 LP 바를 같이 운영하는 게스트하우스가 눈길을 끌었다. 7인실에 화장실이 하나 딸려 있었다. 하루쯤 묵기에 나쁘지 않을 것 같았다. 낯설고 불편한 상황이 싫어서 평소라면 거들떠보지도 않았을 테지만 그날은 그냥 그러고 싶었다.

버스에서 내리니 대구의 기온과는 사뭇 다른 추위가 느껴졌다. 비까지 내려 근처 편의점에서 우산을 샀다. 한 손엔 우산을 들고 한 손엔 휴대폰으로 지도를 보며 틈틈이 시린 손을 코트 소매 안으로 구겨 넣으며 숙소에 도착했다. 2층 침대가 나란히 놓여 있는 작은방에는 이미 다른 투숙객 A가 있었다. 어색함을 숨기려 활짝 웃으며 인사를 하고 짐을 풀었다. 모두 정리한 짐을 괜히 한 번 더 정리하며 불필요한 행동을 하던 중 7인실 문이 열리고 B가 도착했다.

비에 젖은 외투를 조심스레 옷걸이에 거는 것을 보니 밖은 비가 많이 내리나 보다. 숙소에 먼저 있었던 우리 둘보다 외향적인 그녀는 자신이 사 온 닭강정을 나눠 먹자며 우리를 공용 공간으로 불러냈다. 우리 셋은 모두 다른 지역에서 왔다. 한 명은 서울, 한 명은 전주 그리고 나는 대구. 나이도 다르다. 20대, 30대, 40대. 열 살씩 차이가 난다. 20대 초반인 A는 학교 방학을 맞아 아르바이트를 한 돈을 모아 강릉에서 일주일을 보냈고, 오늘이 마지막 밤이라고 했다. 나보다 열 살이 많은 B는 반려견을 떠나보낸 후 일에만 몰두해 슬픔과 허전함을 달래던 중, 그녀의 친구가 여행을 떠나보라는 권유에 혼자 이곳에 왔다고 한다.

 숙소 주인이 운영하는 LP 바는 저녁 8시에 문을 연다. 오픈 시간에 맞춰 숙소 아래층인 LP 바로 내려갔다. 듣고 싶은 음악을 신청하는 종이에는 2005년 이전의 음악들만 신청 가능하다는 안내 문구가 적혀있다. 거대한 스피커로 오래된 노래를 원 없이 들었다. 엘피 바 주인은 겨울 바다에 왔으니 이 노래를 들어야 한다며 푸른 하늘의 '겨울 바다'를 들려주었다. 예전에 한 번 들어본 노래지만 한 곡을 제대로 감상한 건 처음이다. 숙소에 돌아와 자기 전에도 이어폰을 꽂고 노래를 반복해 듣다가 잠들었다.

 다음날, 특별한 계획이 없었던 우리 셋은 점심을 먹고 헤어지기로 했다. 바다 근처 식당이라 그랬을까, 편의점에서 산 우산이 뒤집힐 정도로 강한 비바람이 불었다. 결국, 다 찢어진 우산을 버리고 우비를 샀다. 사이사이 어색하게 흘렀던 정적은 비바람 덕분에 웃음으로 채워졌다. 점심 메뉴는 두부와 수육, 가자미 무침이 나오는 두부 삼합으로 정했다. 세 개의 음식이 우리 모습 같아 웃음이 비집고 나왔다.

 이름은 알고 헤어지자며 그제야 통성명을 했는데, 지금은 기억나지 않는다. 아쉬움은 아쉬운 대로 남기고, 내 오랜 친구들을 기다렸다.

30
차보다 사람이 먼저

초등학교 시절, 포스터 만들기 시간이나 공익광고에 자주 보이던 표어 중 하나가 나를 혼란에 빠뜨린 적이 있다. 사탕을 물고 쥐불놀이하듯 신발주머니를 휘두르며 걷던 나는 길을 건널 때면 정지선에 선 차들을 보며 그 문구를 떠올리곤 했다.

'차보다 사람이 먼저'

은유나 비유도 아닌 이 쉬운 말을 받아들이기 어려워서 어딘가 부족한 사람이 아닐까 내심 걱정을 했었다. 이해하지 못한 데엔 나름의 이유가 있었다. 나의 눈에는 쇳덩어리 자동차보다 그 안에 타고 있는 사람이 더 잘 보였기 때문이다. 그래서 지나가는 사람과 차 안의 사람 중 누구를 먼저 생각해야 할지 헷갈렸고, 차보다 사람이 먼저라는 말에는 모순이 있다고 생각했다. 지금은 친구들에게 우스갯소리로 말하곤 한다. '난 표면보다 이면을 더 잘 보는 아이였어'라고.

얼마 전 부모님 댁에 갔을 때 일이다. 소파에 앉아 선풍기 바람을 쐬며 엄마가 깎아준 복숭아를 먹는데 베란다 유리문에 붙어 있는 물체가 눈에 띄었다. 손바닥보다 조금 큰 무언가, 성인 여성의 눈높이쯤 되는 곳에 붙어 있었다. 그것의 정체는 하얀 꽃망울의 조화였다. 자세히 보니 화분 모양으로 오린 초록색 청테이프도 함께 붙어 있었다. 재료는 볼품없지만 예쁘게 꾸미려 애쓴 흔적이 보였다.

도대체 무엇이냐고 물으니 엄마가 기다렸다는 듯 말을 쏟아냈다. 문이 닫힌 줄 모르고 베란다로 나가려다 몇 번 머리를 박으니 그걸 지켜보던 아빠가 혀를 차며 만들었다고 했다. 혀 차는 소리만 요란했으면 다행이지, 기가 차는 말도 여러 번 덧붙여 결국 엄마의 기분을 상하게 했다는 것이 요점이었다. 곁에 없었지만, 옥신각신하는 소리가 영화 속 배경음악처럼 들렸다.

그래도 내 눈엔 보였다. 쇳덩어리 차 안에 앉아 있는 사람을 보았듯이 두꺼운 손으로 청테이프를 붙이며 엄마의 이마를 지키려는 아빠의 모습이……. 엄마가 쏟아내던 한탄 속에 섞인 웃음도 보았다.

'30
울 준비하시고, 우세요!

여러 개의 룰렛 앞, 같은 유니폼을 입고 인위적인 미소를 띤 사람들을 화면에서 마주한다. 그들은 우렁찬 아나운서의 목소리에 맞춰(처음 지은 미소를 잃지 않은 채) 각자 손에 쥔 빨간 버튼을 누른다. "준비하시고, 쏘세요."

어린 시절 난, 주말이면 더 일찍 눈을 떴다. 아침에 방영하는 디즈니 만화를 보기 위해서인데 입을 헤 벌리고 채널 여기저기를 돌아다니며 푹 빠졌다가 주택복권 추첨하는 방송에서 정신을 차리고 텔레비전 밖으로 빠져나온 것 같다. 똑같은 옷과 미소가 기이하다고 느껴서일까, 장면이 인상 깊어 가끔 어른들 앞에서 그들을 따라 하며 재롱을 피우기도 했다.

디즈니 만화를 보기 위해 늦잠도 포기하던 열정의 초등학생은 성인이 되어서도 여전하다. 만화에서 영화로 바뀌었을 뿐, 열정에 불을 지필 수 있는 여유가 생겼으니 영화관이며 영화제며 쏘다니고, 텔레비전 채널 대신 OTT를 돌아다니기 바쁘다. 눈여겨보던 감독이나 배우의 신작이 나온다는 소식이 들리면 설레는 마음으로 개봉일을 손꼽아 기다린다. 선호하는 장르가 확고해지기 전까지는 상영관이 많은 영화를 우선 선택했다. 눈물과 흥행은 서로 떼려야 뗄 수 없는 사이인지 온갖 슬픈 요소들을 보기 좋게 나열시킨 후, 관객에게 눈물을 흘려야 한다며 강요하는 것 같았다. 마치 어릴 적 보았던 주택복권 추첨 방송의 큐 사인처럼 말이다. "울 준비하시고…우세요."

나는 어김없이 운다. 그냥 우는 것도 아니고 횡격막과 늑골이 요동치고 코를 훌쩍이며 운다. 영화가 끝난 뒤 화장실 거울을 보며 얼굴 상태를 확인하고 뒤돌아서는 순간, 잊는다. 어딘가 모르게 개운하기도 하다. 여운이 하루를 채 넘기지 않는다. 반면에 영화관을 나선 후에야 비로소 시작되는 영화도 있다. 눈물이 날 듯 말 듯 하다. 눈물샘이 꽉 막힌 것 같고, 가슴 언저리에 돌멩이 하나 날아와 박힌 것만 같은.

그런 영화들은 대부분 친절하지 않다. 보기 좋게 나열하지 않는다. 때론 모호하다. 스스로 세상을 떠난 아버지와 딸의 여행기를 다룬 영화 〈애프터 썬〉이 생각난다. 아버지와 같은 나이가 된 딸은, 어릴 적 마지막 여행에서 캠코더로 찍은 짧은 영상을 보며 남은 자의 시선으로 떠난 이의 슬픔을 더듬는다. 영화가 끝나고도 한동안 머릿속을 맴돌던 장면들은 며칠이 지나서야 가슴 깊숙이 저릿하게 내려앉았다. 밝기만 했던 열한 살 딸은 아버지의 슬픔을 알아채지 못한 죄책감에 사무친다. 무엇이든 털어놔도 된다는 말을 딸에게 건네면서도 정작 본인의 괴로움을 꺼내지 못한 아버지의 모습이 자꾸 떠올랐다. 그제야 눈물이 고였다.

극장을 나온 뒤 비로소 시작된 영화는 횡격막과 늑골을 요동치게 하진 않지만, 나를 더 오래도록 울게 한다.

30
알갱이와 명품

  길어진 해, 풀벌레 우는 소리, 짙은 녹음의 여름을 좋아한다. 열대야로 밤잠 설치지만 뜨거운 여름은 찰나여서 견딜 만하다. 도시를 떠난 사람들 사진이 SNS에 이따금 올라올 때면 휴가 시즌임을 자각한다. 나는 휴가를 계획하는 타입은 아니다. 복잡하고 비싼 관광지보단 집에 있는 편이 더 낫다고 느끼는 쪽이다. 하지만 올해는 왠지 사진 속 사람들처럼 계곡이며 바다며 어디든 가서 사람들 속에 섞이고 싶었다.

  자주 시간을 함께 보내는 친구 셋에게 연락했다. 우리는 모두 여행을 자주 하는 편이 아니라서 어디로 가야 할지조차 정하지 못했다. 일단 서울 사는 친구 집에서 모이기로 했다. 유유상종이라고 했던가, 우리는 밖으로 나가는 대신 침대와 바닥에 제각기 편한 자세로 누워 에어컨 바람을 쐬며 시시콜콜한 이야기로 하루를 보냈다. 무료해지자 집 근처 핫플이란 곳에 가보았다. 하지만 우리가 머문 시간은 고작 두 시간 남짓. 우리와 맞지 않는다며 친구 집으로 돌아와 다시 제각기 편한 자세로 영양가 없는 이야기를 이어갔다.

 각자의 터전으로 돌아가야 할 시간이 되었다. 다른 지역에 떨어져 살면서 모처럼 만난 귀중한 시간을 집에서만 보낸 우리의 모습에 서로 마주 보고 실소를 터트리며 집을 정리했다. 친구는 떠나는 우리를 위해 커다란 비닐봉지를 꺼내 들고는 안 입는 옷가지며 먹을거리 등, 이것저것 담았다. 그 모습은 마치 친정에 놀러 온 딸에게 살림살이를 양손 가득 바리바리 싸주는 어머니의 모습이었다.

 집을 나설 때쯤 친구는 잊은 게 있다며 작은 상자 하나를 꺼냈다. 본인과 맞지 않는다며 무심히 건넨 것은 비타민계의 에르메스라 불리는 영양제였다. 우리는 낚시꾼이 던진 떡밥으로 몰려드는 물고기 떼처럼 달려들었고, 한 친구의 지휘하에 일사불란하게 삼등분하였다. 누구에게는 에르메스이지만 내 친구에게는 그저 자신과 맞지 않는 알갱이일 따름이었다.

나는 때때로 명품을 생각하면 주눅이 들기도 슬퍼지기도 한다. 첫 직장이었던 명품 병행수입업체를 다니면서 내가 아는 유명 브랜드 외에 다양한 명품 브랜드가 있다는 것을 알게 되었고, 동시에 거리를 오가는 사람들이 입은 옷과 신발과 가방의 정체도 알게 되었다. 수백 가지 제품을 매일 모니터로 보면서도 내겐 여전히 먼 나라 이웃 나라였다. 한 달 치 월급과 맞먹는 제품을 볼 때면 내가 얘보다 못한 게 뭘까 상념에 빠지기도 했다. 무심히 일만 하기엔 나는 생각이 너무 많았다. 나와 다르게 상념에 빠지지 않는 RPG 게임 속 캐릭터처럼 보이는 동료들이 부럽기도 했다.

명품이나 브랜드에 신경 쓰지 않는 사람을 동경한다. 명품을 두른 사람들에 대한 부러운 마음이 내 기저에 깔려 있기 때문일 것이다. 이 나이대에 명품 가방 하나쯤은 가지고 있어야 하고, 부모님께 명품을 선물하는 것을 효도라고 생각하는 사회에서 그러지 못한 나는 자꾸만 작아진다. 겉모습보다는 본질이 더 중요하다고 생각하면서도, 꾸역꾸역 삼키고 싶은 알갱이를 생각한다.

'30
자기계발의 추억

억지로 다섯 시에 기상했다. 눈곱 떼고 책상에 앉기까지는 성공했지만, 뭘 해야 할지 몰라 책을 폈다 접었다. 맑은 정신에 글도 끄적여 봤다. 출근하기까지는 꽤 시간이 남았고, 일찍 일어난 새는 배가 고프다. 그때 마침, 내 눈에 들어온 싱크대 위 어젯밤 참은 라면 한 봉지. 유혹을 참지 못하고 결국 아침 댓바람부터 라면을 끓였더니 어느새 출근할 시간이다. 그렇게 시작된 미라클 모닝인지 뭔지. 더부룩하고 피곤하게 하루를 시작했다.

회사에서 나는 늘 제자리에 끼워진 작은 부품이었다. 또, 나는 멈출 수 없는 설국열차 속 비좁은 엔진룸에서 반복 작업을 하던 아이였다. 반복되는 일상에서 나는 점점 닳아가고 있었고 변화를 원했지만 무엇을 어떻게 바꿔야 할지는 막막했다. 그 시기 나의 알고리즘에는 자기계발과 미라클 모닝이 지배했다. 마치 내 마음을 들여다보기라도 한 듯이 말이다.

 아침 일찍 일어나기만 하면 삶이 달라진다, 이것만 알면 인생이 완전히 바뀐다, 부자들은 알지만 가난한 사람들은 모르는 비밀 등등, 자극적인 제목에 혹해 그들이 제시하는 방법들을 따라 했다. 무조건 책을 많이 읽으라는 말에 무작정 사들인 책은 텅장(텅 빈 통장)으로 이끌었다. 하루 30분 독서는 시간 채우는 데만 급급해 무슨 내용을 읽었는지 기억조차 나지 않았다. 번뜩이는 아이디어와 활력을 위해 냉수 샤워도 시도했지만, 파래진 입술을 진한 립스틱으로 가리기 바빴다. 하루를 30분 단위로 나누어 형형색색의 펜으로 계획을 세우고, 계획을 다 이룬 날에는 줄을 그어 만족감을 느꼈다. 하지만 이 과정은 몰입이 아니라 일종의 강박이었고, 어쩌면 중독이었다. 하나라도 놓치는 날엔 어린 시절 방학 막바지에 몰아 쓰던 일기처럼, 계획을 대충 이뤄내고 형광펜으로 그어버렸다.

 그래서 내 삶은 얼마나 달라졌을까. 무기력만이 남았다. 달라진 것이라곤 자기계발과 동기부여를 외치던 사람들의 유명세와 영상 조회 숫자뿐이다. 내 삶에는 별다른 변화가 없었다.

나 같은 사람들이 많은가 보다. 이른바 성공팔이와 강의팔이라 불리는 이들을 비난하는 또 다른 부류의 사람들이 생겼다. 그러나 비난하는 사람들조차도 자기 자신을 더 유명하게 만들 뿐이다. 그리고 문득, 또다시 그들을 지켜보는 나를 발견한다. 여전히 변화를 갈망하는 중이고, 나는 같은 자리에서 끝없는 루프를 돌고 있다.

30
대구, 동네, 알 수 없는 죄책감

중학교 3학년, 겨울방학이 시작되는 날 이사를 했다. 새집은 차로 15분 거리인 가까운 곳이었지만, 다섯 식구가 움직이는 건 결코 작은 일이라 할 수 없었다. 이 동네에서 가장 적은 돈을 벌지만, 가장 저축을 많이 하는 사람이라 호언장담하던 젊은 아빠의 자부심이 깃든 첫 아파트를 떠났다.

부산의 도시 남자와 봉화군의 시골 처녀는 어쩌다 대구에서 만났을까. 넓은 바다가 있는 부산을 두고, 봉화에서 더 위로 올라가지 않고, 왜 이 작고 평범한 도시에 정착했을까.

내가 자란 동네는 대구 외곽에 있어 중심과 다소 동떨어진 느낌이 들지만, 이곳 사람들은 멀리 나가지 않아도 쇼핑부터 영화,

백화점, 수영장까지 다 누릴 수 있다는 점을 자랑스러워했다. 하지만 나에게는 이곳은 섬이고 우물이었다. 줄곧 이 동네에서만 지내다가 대학은 조금 떨어진 곳으로 가게 됐다. 촌스러운 동네 이름 때문인지, 시골이라 무시하는 사람들도 있었다. 나는 발끈하며 우리는 영화관이 세 개나 있다고 되받아쳤다. 돌아오는 말은 상영관이 세 개냐는 엉뚱한 말뿐이었지만.

우물 안 개구리 같다고 느낀 나는 이 동네를 벗어날 두 번의 도전을 감행했다. 첫 번째는 호주로 떠난 일이었다. 우물 밖 구경은 1년을 채 넘기지 못했다. 그 후로도 여러 번 마음은 먹었지만, 현실로 옮기기엔 용기가 부족했다. 결국, 서른이 넘어서야 독립이라는 두 번째 도전에 성공했다. 비록 겨우 구(區)를 넘어간 수준이지만 말이다.

호주와 대구 중구. 거리상으로 비교할 순 없어도, 두 장소를 떠올리면 공통점이 하나 있었다. 누가 가라고 등 떠민 것도 아닌데, 집을 떠나는 길에 눈물이 났다는 것. 내가 비운 방을 바라보며 허전해할 사람을 떠올리면 마음이 덜컥 내려앉았다. 왜 우는지도 모르면서 울었고, 이유도 정확히 모르면서 미안해했다.

30
분리와 고독에 관하여

나는 때때로 사람들과의 분리를 원한다. 그런 마음이 솟구칠 때면 저항치 않고 한 발짝 뒤로 물러선다. 짧게는 동네 카페에서 몇 시간을, 길게는 가까운 여행지에서 하루를 보낸다. 사람들과 떨어진 시간 동안 나는 누구의 눈치를 볼 필요 없고, 계획에 얽매이지도 않는다. 특별할 것 없는 장면을 카메라에 담기 위해 누군가를 기다리게 하는 일도 없다. 때때로 목적지를 벗어나는 자유를 만끽하며 오롯이 나만을 위한 이기적인 분리인 셈이다. 이기심으로 시작된 분리가 알 수 없는 것들로 가득 차 있던 내 마음에 여백이 생기도록 한다는 것을 돌아오는 길에 깨닫는다.

어린 조카들과 놀아줄 때면, 나는 늘 '꼭꼬핀'을 꺼낸다. 벽에 꽂아 얇은 이불을 걸어주면 금세 작은 텐트가 만들어진다. 허술

하기 짝이 없지만 한참을 그 속에서 재잘대는 아이들의 모습을 보며 어린 시절의 나를 떠올린다. 의자 두 개를 멀리 떨어뜨려 놓고 그 위로 이불을 덮어 나만의 작은 집을 만들던 기억. 허술하지만 나에게는 특별했던 그 공간에서 나 역시 많은 시간을 보냈다.

 자신만의 공간을 필요로 하는 건 강도만 다를 뿐 인간의 본능인지도 모른다. 나는 어릴 때부터 남들보다 경계가 더 뚜렷했던 것 같다. 하지만 언니는 달랐다. 경계가 거의 없는 사람처럼 물건을 툭툭 내려놓으며 크고 작은 소음을 냈다. 또 내가 보이지 않는 건지, 아니면 내가 방바닥에 아무렇게나 던져놓은 책가방과도 같은 존재인지, 나를 툭툭 치고 다니기 일쑤였다. 때론 발에 차이기도 했다. 언니의 소란스러움은 언제나 나에게 부담이었고, 점점 더 혼자 있고 싶어졌다. 사회생활이 시작되면서 그 마음은 더욱 깊어졌다. 짧은 여행으로도 회복되지 않았다. 그때 독립을 결심했다. 마침내 나만의 공간이 이불 속에서 작은 마당이 딸린 방 두 칸짜리 전셋집으로 확장되었다.

 이사를 하고 한동안은 바빴다. 퇴근 후 집에 오면 대문 앞에는 인터넷으로 주문한 물건들이 기다리고 있었고, 그것들을 정리하는 일로 하루가 짧았다. 차와 사람이 다니지 않는 조용한 골목에 위치한 집은 내가 아무 소리를 내지 않으면 고요 속에 잠겼다. 그

동안 항상 바라던 일인데 시간이 지날수록 여백이 크게 느껴져서 자꾸만 몸을 웅크리게 되었다.

 난 혼자인 것을 좋아한다고 생각했는데, 그때 깨달았다. 나는 한 번도 혼자였던 적이 없었다. 항상 누군가 곁에 있었다. 외로움을 이해한다고 착각했다. 누군가, 나를 찾을 때면 핑계 댈 노력조차 하지 않고 거절하는 일도 더러 있었다. 그 밤, 몸을 웅크리며 잠들 때 다짐했다. 이 감정을 잘 기억하자, 외면하지 말자.

 어느 날 밤, 문밖 센서등이 켜지고 부스럭거리는 소리가 들렸다. 심장이 콩닥거렸다. 숨을 죽이고 문틈으로 소리의 근원지를 찾으니 마당에 웬 고양이 한 마리가 있었다. 녀석은 쓰레기봉투에서 나는 냄새를 맡고 있었다. 문을 열고 고양이와 눈을 마주했다. 내가 천천히 눈을 깜빡이자 똑같이 천천히 눈을 깜빡였다. 우리는 한참 서로를 구경했고, 고양이는 다시 어딘가로 떠났다.

'30
욕망이라는 이름의 0번 버스

    1988년, 대구는 권역별 버스 노선제를 도입한다. 도시를 숫자 0부터 9까지 나누어 노선을 구성해, 버스 번호만으로도 출발지와 경유지, 도착지를 짐작할 수 있도록 설계한 것이다. 예컨대, 내가 주로 타고 다닌 706번 버스는 칠곡(7)에서 출발해 동성로가 있는 중남구(0)를 거쳐 월배(6)로 향한다는 것을 번호를 통해 유추할 수 있다. 어릴 적엔 길을 잘 몰라도 숫자 7이 들어간 버스를 타면 집에 돌아갈 수 있겠단 생각에 안심이 되곤 했다.

    서울이나 부산은 도심이 흩어져 있지만, 대구에서 시내라 불리는 곳은 언제나 동성로 한 곳이다. 0번이 들어간 버스를 타고 창밖을 바라보며, 나는 이 숫자가 단순히 목적지가 아닌 중심으로 가고 싶다는 열망, 나의 삶을 이끄는 어떤 상징처럼 느껴졌다. 과

녘 중앙에 가까울수록 높은 점수를 받듯, 내 일상도 중심으로 향하면 뭔가 더 나아질 수 있을 거라는 막연한 기대가 있었다. 사람들이 모이고 이야기가 오가는 게스트하우스를 시내 한복판에 꾸리게 된 것도, 어쩌면 열망의 연장선이었을지 모른다.

어느 날, 체크인 시간이 훌쩍 지났는데도 손님은 오지 않았다. 느긋하게 기다리려 해도 자꾸만 창밖만 바라보게 되던 그때, 한국인 할아버지와 외국인 두 명이 무거운 캐리어를 끌며 게스트하우스 문을 열었다. 연신 한숨을 내쉬는 걸 보니 아무래도 길을 찾느라 한참 애를 쓰셨나 보다. 한국어도, 영어도 익숙지 않은 콜롬비아 모녀는 길을 헤매다 지나가던 할아버지에게 도움을 청했고 스마트폰에 익숙지 않은 할아버지는 어느새 그들의 방황에 동행자가 됐다며 멋쩍게 웃으셨다.

만남의 시작은 약간 엉뚱하지만 따뜻했다. 할아버지의 아들이 콜롬비아에서 일하는데, 그곳에서 도움을 많이 받고 있을 테니 본인도 콜롬비아 사람들에게 잘해주고 싶었다고 말씀하셨다. 이야기 끝에 할아버지는 모녀와 함께 사진 한 장을 찍어달라 부탁했고, 곧이어 주머니에서 커다란 도끼빗을 꺼내 머리를 쓰윽 빗으셨다. 머나먼 길 끝에서 빗을 꺼내 든 할아버지를 마주한 모녀도, 그 모습을 지켜보던 나도 웃음을 터뜨릴 수밖에 없었다.

나는 문득 숫자 0이 떠올랐다. 시작도 끝도 없고, 어디서든 이어질 수 있는 선. 콜롬비아에 있는 아들이 언젠가 받았을 배려는 한국까지 이어졌고, 길을 묻는 말에 발을 멈추고 웃음을 건네는 순간이 되었다. 더 특별하고 높은 곳을 꿈꿨지만, 중심이란 결국 목적지가 아닌 사람과 사람이 이어지는 순간, 동그란 선 위에서 우리가 마주하는 그때였는지도 모른다. 중심은 늘 누군가의 곁에 있었고, 나도 이미 그 안에 있었던지도 모른다.

30
나는 더 가벼워질 거다

 살찌는 것도 재능이다. 내 손과 입은 하루도 쉬지 않고 그 재능을 증명해 왔다. 자기 전까지 내일 먹을 메뉴를 상상하며 잠들고, 눈을 뜨자마자 음식을 떠올린 적이 있는가. 이름난 음식 하나 먹어보겠다고 타지로 떠나고, 맛집 앞에서 한 시간을 꼬박 웨이팅하며 인내심을 시험해 본 적이 있다면 당신도 알 것이다. 살이 찌는 것도 성실함 없이는 불가능하다는 것을. 옆구리에 잡히는 살은 나의 자부심이었고, 두 개로 접히는 턱은 성실함의 산물이었다.

 그렇게 나는 체중이 점점 늘어가는 것을 유머로 포장했다. 회사의 스트레스는 내 손을 과자 봉지로 이끌었고, 배고픔을 느낄 새도 없이 입을 부지런히 움직였다. 몇 년을 그렇게 보내고 나니 거울 속 나는 풍선 같았다. 누군가 내 몸에 빨대를 꽂고 바람을 불어넣은 것처럼 말이다. 그런 내 모습도 괜찮다고 느꼈다. 아니, 괜찮다고 믿으려 애썼다. 근거 없는 자신감 뒤에는 나 자신을 조금이라도 미워하고 싶지 않은 마음이 숨어 있었다.

다이어트를 시도해 보지 않은 건 아니다. 이미 수없이 찾아본 체중 감량 방법을 또 검색해 봤다. 방법을 모르는 것이 아님에도 불구하고 말이다. 먹은 걸 기록하라는 조언에 따라 일주일간 식단을 써본 적도 있었다. 결과는 놀라웠다. 종이를 빼곡히 채운 음식 리스트를 보고 내 입이 얼마나 부지런했는지 깨달았다. 그 충격으로 인해 이번엔 꼭 성공하겠다고 결심했던 나날도 있었다. 물론 그런 결심은 이미 눈앞에 바닥을 보이는 음식들 앞에서만 가능했다.

그러던 어느 날, 누군가 내 삶에 나타나 나를 똑바로 바라보며 말했다. 있는 그대로의 네가 좋아. 그 말은 단순한 위로가 아니었다. 그의 따뜻한 눈빛은 내가 그동안 외면했던 나 자신을 마주하게 만들었다. 변한 내 모습에도 괜찮다고 생각했던 건 진정한 자기 수용이 아니었다. 그건 두려움에서 비롯된 합리화였다. 그의 한마디는 멈춰 있던 내 마음을 천천히 움직이게 했다.

사랑하는 사람과 함께하는 시간은 묘하게도 나를 더는 배고프지 않게 만들었다. 허전한 마음을 음식으로 채웠던 나는 이제야 알게 되었다. 내가 정말 필요했던 것은 배를 채우는 일이 아니라 마음이 채워지는 일이었다는 것을.

나는 더 가벼워질 것이다. 커피를 천천히 내리며 하루를 시작하고, 사랑하는 사람과 함께 다정한 식사를 나누며 내 마음을 채울 것이다. 그가 나를 있는 그대로 바라봐 준 것처럼 나도 나 자신을 다정히 바라보는 순간, 내 삶은 숫자로 측정되는 다이어트 성공 사례가 아니라 진정으로 나를 사랑하는 과정 그 자체로 빛날 것이다.

40

이수성

'40

이수성 (음악치료사, 헬로우뮤직투게더 대표)

대구 토박이로 자란 스물다섯 대구 처녀가 9년간의 미국 밀워키 새댁 생활을 청산 후 귀국하여 이젠 대구 아줌마로 살고 있다. 시와 바람과 음악을 좋아하며 일흔이 넘어도 기타를 치고 춤을 추는 백발의 음악 치료사가 장래 희망인 나는 이제 막 성인이 된 두 아들 리오와 루이의 철없는 엄마이기도 하다.

칠곡경북대병원 자녀 사별 자조 모임 '별빛마루'의 애도 상담가로, 학교와 교육기관에서는 음악 치료사로 활동하고 있으며, 대구과학대학에서 18년째 겸임교수로 학생들을 가르치고 있다. 하루가 36시간이길 소망하며, 바쁜 삶을 불평하는 것 대신, 일상을 여행처럼 즐기는 것을 선택하였다. 지금 나는 대구 여행 중이다.

'40
블루베리 스무디

"대구 여자들은 다 예쁜 것 같아요."

성인이 된 이후, 다른 지역 출신 사람들이 내가 대구 사람인 걸 알아차리면 이렇게 기분 좋은 인사말을 종종 해주었다. 이 말을 들을 때마다 멋쩍은 미소를 지으며 "그런가요? 훗, 대구 여자들이 예쁜가. 다 비슷한 것 같은데. 그래도 감사합니다."라며 답한다. 내심 '그렇지, 대구 여자들이 예쁘지, 그렇고말고.' 하며 대구 여자들을 대표하는 듯 슬그머니 미소를 짓는다.

나는 한국에서는 대구 외에 다른 지역에서 살아본 적이 없다. 내가 한국이라고 꼬집은 것은 결혼 후 한동안 미국에서 살던 시절이 있었기 때문이다. 그 9년 동안의 시간을 제외하고는 지금까지 내 인생의 4분의 3을 줄곧 한 곳, 대구에서 태어나 자라고 살고 있다.

대구.
난 뼛속 깊이 대구 여자임이 틀림없다. 우선 아무리 사투리를 숨기려 해도(영어로 교묘하게 가려도) 아무도 내 속임수에 넘어가지 않는다. 이십 대 처녀 시절, 서울에 가서 사투리를 최대한 쓰지 않으려고 문장의 서술형을 다 말하지 않았다. 너무 무례하지 않은 선에서 꼭 필요한 단어만 썼다. 가령, 지하철 역무원에게 표를 사면서 "역곡역, 한 장(주세요)."이라고 생략해서 말해도 역무원은 아무 문제 없이 표를 한 장 건네어 주었으니까.

몇 해 전 한국에서 '블루베리스무디' 발음하기가 유행된 적이 있었다. 영어권에 오래 살아왔으니 나름 자신있게 이 정도쯤이야 하며 도전하였다.

블~루~베~리~스~무~디.

멜로디가 흘러나온다. 굳이 계이름을 붙인다면 '도레미도도미도'다. 이 오르락내리락하는 억양에 다른 지방 사람들과 나는 그만 웃음이 터져 버렸다. 경상도 이외 사람들이 거의 한음으로 그대로 읽어내는 것에 비해 나의 멜로딕한 블루베리 스무디는 촌스럽기 짝이 없다.

 대구 사람들은 고지식하여 새로운 것을 받아들이기 쉽지 않다고 한다. 인정할 수밖에 없는 부분도 있다. 길을 걷거나 운전할 때 늘 같은 길을 가고, 가던 식당에 가고, 익숙한 브랜드에 손이 가는 나를 발견하고는 흠칫 놀랄 때도 있으니 말이다. 그러나 내 인생에서 자유라는 단어를 가장 중요하게 생각하니 꼭 그렇지만도 않다. 자유와 새로움은 비슷한 성질이 아닌가. 고지식함과 자유는 왠지 대립하는 것 같기도 하지만, 한 번 더 생각해 보면 고지식한 것을 줄곧 유지한다는 것도 내 자유가 아닌가, 라는 개똥철학을 펼쳐보기도 한다.

 어쨌든 고지식한 대구 여자 세 명이 한 공간에 모였다. 세련되기 그지없는 서울 남자에게 글쓰기 수업을 받기 위해. 나는 이 남자의 세련된 서울 말투에 반한 것이 아니라 대구를 좋아해서 남은 생애를 대구에서 살기 위해 내려왔다는 그의 말에 이 사람에게 꼭 글쓰기 수업을 받겠노라고 결심했다. 이렇게 서울 남자 한 명과 대구 여자 세 명이 삼 년을 만나 글을 썼다.

 책을 내려는 욕심은 전혀 없었다. 모인 이유는 각기 다르겠지만, 나는 집필과 출판을 위해서가 아니라 지나치게 감성적인 글만 쓰는 글쓰기 습관을 바꾸고 싶어서였다. 나의 글쓰기 버릇을 교정하고 지루하게 늘어놓던 사족을 덜어내고, 사투리를 빼내고 세련된 어구로 바꿔내는 과정을 보냈다. 어느덧 서울 남자, 아니 글쓰기 스승님의 붉은 펜 흔적이 조금씩 사라지기 시작했다. 세 명의 여자들은 서로의 글을 칭찬하고 환호하였다. 책을 한 권 내어 보여도 세상에 큰 피해를 주지 않을 것이라는 안도의 숨을 쉴 무렵 "이제 책을 한 권 내어 보죠"라고 세련된 서울말이 세 여자 앞에 툭 하고 던져졌다.

아직 부족하고 부끄럽기 그지없다. 음악이나 사진 속에서는 내 감정을 조금 숨길 수 있지만, 글은 그럴 수가 없다는 걸 깨달았다. 진심이 들어가지 않은 글은 내가 써놓고도 다시 보고 싶지 않다. 적어도 내가 나를 속이기는 싫기 때문이다. 글 속에서 나는 평소 사람들 앞에서보다 훨씬 정직하고 리얼하다. 글을 쓰고 나서 다시 읽어보면 내 속살을 다 드러낸 듯해 창피하기도 하지만 그래도 용기를 내어 본다. 마흔 끝자락, 40대 대구 여자라는 타이틀을 달고 내 글을 세상에 슬그머니 내어 본다.

몇 해 전 대구 공연을 온 서울 뮤지션이 나와 대화를 하고는 사람들 앞에서 이렇게 말했다.

"얼굴은 서울 여잔데 말은 촌 여자네"

촌 여자, 서울에 비하면 촌이지만 한국의 4대 도시로 꼽히는 대구, 대구 여자가 조심스럽게 그리고 자랑스럽게 외쳐 본다.

블~루~베~리~스~무~디.

'40
입꼬리가 올라간다

 어느 날 가슴에 커다란 구멍이 하나 생겼다. 무엇이라도 메워 보려고 노력했다. 밥을 많이 먹어보기도 했고, 과자나 단 과일을 우격다짐으로 넣어 보기도 했다. 평소 즐기지 않는 술을 마셔 보기도 했다. 그래도 여전히 구멍은 메워지지 않는다. 친구에게 전화를 걸었다. 고3 아들을 둔 친구는 늘 그렇듯 반가운 목소리로 나의 안부를 묻지만, 만나자는 말을 하지 못했다. 수험생의 삶을 아들과 함께 치르고 있는 분주한 일상이 그녀의 목소리에서도 묻어나오기 때문이었다. 안부만 이리저리 묻다가 조만간 만나서 밥 먹자, 라고 말하며 수화기를 내려놓았다.

 하루에도 몇 번씩 업무상 카톡, 지인의 안부 인사, 단톡방의 많은 메시지가 끊임없이 올라 오지만 일부러 읽지 않기도 한다. 일일이 답을 해서 나의 안부를 남기고 싶지 않기 때문이다. 왠지 내 글 귀에 텅 빈 구멍이 드러날 것 같은 괜한 신경이 쓰여서일까. 갑자기 모든 일이 귀찮고 도무지 신이 나지 않는다. 아니 신바람 났던 예전의 내 모습이 떠오르자마자 휙 머릿속에서 지워버리고 만다. 노트북을 접고 수많은 일거리를 책상 위에 늘어 놓은 채 거실 기다란 소파로 가서 털썩 누웠다. 핸드폰을 열어 뉴스도 보고 SNS 속 세상을 들여다봐도 별것이 없다. 아니, 식상하고 아무런 감흥도 없다. 슬그머니 눈을 감아보았다. 내 눈앞에 뭔가 검은 형체의 원이 희미하게 보이는 듯하다. 저게 내 몸속에 생긴 구멍인가.

시간이 얼마나 지났을까. 소파에 누웠을 때는 창밖이 밝았는데 지금은 어둑한 저녁이다. 으슬으슬 한기까지 든다. 컴컴한 거실 적막 속에 나 혼자 있었다는 생각을 하니 조금 무섭다. 얼른 일어나 불을 켰다. 환한 빛에 눈을 찌푸렸다가 인상을 풀고 화장실 거울 앞에 섰다. 중력의 힘이 오롯이 느껴지는 듯한 내 얼굴. 눈도 처졌고 입꼬리도 처졌고 볼도 처졌다. 얼굴 전체가 아래로 쏟아져 내린 중년의 우중충한 여자가 서 있다. 마음에 들지 않는 거울 속 여자를 잠시 흘겨보다가 문득 안쓰러운 생각이 든다. 넌 왜 이리 우울해 보이니. 얼굴에 생기라곤 1도 찾아볼 수 없는 푸석한 모래 같은 몰골에 별안간 물기를 줘야겠다고 생각했다. 샤워기를 틀었다. 따뜻한 물이 쏴아 하고 온몸에 쏟아진다. 온기가 조금씩 내 몸을 감싼다. 한동안 샤워기 아래에 가만히 서서 물을 온몸으로 받았다.

따뜻한 바람에 머리칼을 말렸다. 헤어드라이어 속에서 나오는 바람에 머리칼이 조금씩 부풀어 오르니 동시에 나의 가슴에 따뜻한 바람이 조금 채워지는 듯하다. 편한 옷을 챙겨입고 지난여름 아들이 선물해 준 나이키 운동화를 꺼냈다. 젊은 아이의 안목이어서인지 세련되고 예쁘다. 운동화에 내 발을 넣으며 아들 생각에 쓰윽 옅은 웃음을 지었다.

동네 한 바퀴를 돌았다. 걷다 보니 자주 가는 프랑스 빵집이 보인다. 문이 닫혀 있었다. 조금 전까지 젊은 부부가 빵을 정갈하게 만들었으리라. 창 안을 들여다보니 노란 조명이 은은하게 텅 빈 가게를 채워주고 있다. 참으로 평화로워 보인다. 내일 다시 와서 빵을 사야지. 냉장고에 있는 크림치즈에 발라 먹어야겠다. 걸어가면서 입맛을 잠시 다셨다.

비탈길을 오르내리며 가로수가 늘어진 도로를 지나가다 발밑에 붉은 나뭇잎 하나를 보았다. 멈추고 낙엽을 주웠다. 벌써 가을이구나. 위를 쳐다보니 아직은 꽤 많은 잎이 싱싱하게 가지에 꼭 매달려 있다. 손에 잡은 낙엽을 바라보며 이 녀석 성격이 꽤나 급

하군, 하고 피식 웃다가 옆 벤치 위에 살포시 놓아두고 자리를 떠났다.

계속 걸었다. 걷다가 조금 뛰었다. 숨이 차올랐지만 몇 초 더 버티고 좀 더 뛰다가 멈췄다. 크게 숨을 쉬고 내뱉기를 열 번은 했던 것 같다. 이마에 송골송골 맺힌 땀을 닦으며 집으로 돌아가는데 편의점이 보였다. 아이스크림!

냉장고 앞에 서서 한참 동안 고민했다. 갈증을 식혀 줄 딱 맞는 아이스크림을 찾기가 여간 어려운 일이 아니다. 이건 먹으면 입이 더 텁텁해질 것 같고, 저건 너무 달 것 같고, 저건 별로 맛이 없을 것 같고. 엄청난 고심 끝에 고른 녀석. 수박바.
계산대 직원이 바코드를 찍고 1+1인데요, 한다. 아, 그래요? 갑자기 생긴 덤에 신이 나 얼른 하나를 더 집어 온다. 계산하려고 카드를 꺼내며 고개를 드니 눈앞에 동그란 눈을 가진 청년이 서 있다.

"이거 하나 드실래요?"

갑자기 이 말이 왜 튀어나왔을까? 짧은 순간, 내가 두 개를 다 먹기엔 너무 많고 하나를 들고 가면 그사이 녹을 것이고, 이 청년이 일하다 먹으면 기분이 좀 더 좋아지지 않을까. 그러다가 문득 거절하면 좀 민망하긴 한데. 1초 사이에 많은 생각이 머릿속을 쏜살같이 지나갔다. 아, 네, 하고 전보다 눈이 더 커진 청년이 답을 했다.

깡충거리면서 수박바를 물고 집으로 돌아간다. 이거, 완전히 영화 같은 일 아닌가, 내가 이십 대만 되었어도 영화 한 편 찍는 건데. 그러다 또 드는 생각, 그 청년이 수박바를 좋아할까. 차라리 그 옆에 있던 죠스바를 살 걸 그랬나. 이런저런 생각을 하다 보니 집에 도착했다. 다시 털썩 소파에 누워 남은 수박바를 먹으며 스피커를 켰다. 음악이 흘러나온다. 방안이 재즈 선율로 가득 찬다. 다리를 펴고 누워 기지개 한번 켜고 숨을 크게 내뱉었다. 그리고 다시 큰 숨을 들이켰다. 가슴에 구멍이 꽉 채워졌는지 그만큼 많은 숨이 다시 되돌아 나온다.

어디서 내가 그 구멍을 채웠는지는 알 수가 없다. 하지만 뭔가 변한 듯하다. 내가 누운 거실이 어둡거나 춥지 않다, 다시 선 거울 속 내 얼굴은 어느새 중력을 거슬러 올라가 있었다. 입꼬리가 스르륵 올라 간다.

'40
엄마표 계란볶음밥

 십 분. 나에게 주어진 시간은 단지 십 분이다. 다른 걸 생각하거나 볼 겨를이 없다. 칼만 손에서 놓지 않으면 된다. 난 할 수 있다. 아니 하고야 말 것이다.

 모락모락 김이 나는 밥 세 공기를 식탁 위에 놓기도 전에 나는 큰 소리로 외친다. 얘들아, 밥 먹어! 아이들이 식탁에 앉는 동안 나는 냉장고 문을 열어 친정엄마가 챙겨주신 반찬 용기들을 꺼내어 주르륵 올려놓는다. 큰아이가 세팅하는 숟가락과 젓가락을 확인하고 나서야 나도 털썩 의자에 앉아 시계를 쳐다본다. 10분도 안 걸렸군. 철인 삼종 경기에 나간 선수가 된 기분이다. 숨을 한 번 크게 쉬고, 숟가락을 들어 한입 먹는다.

한창 성장 중인 초등학생 아들 둘을 둔 시절, 퇴근 시간은 7시, 아이들을 학원에서 픽업해 집에 오면 7시 30분이 훌쩍 넘는다. 운전대를 잡고 집에 오는 내내 아이들 배가 고프지 않을까 마음이 급하다. 엄마 오늘 저녁은 뭐에요? 글쎄, 뭐 먹고 싶은데? 카레 해줄까, 김치찌개 먹을래? 다 괜찮아요. 그래? 맞다. 감자가 없네. 카레는 다음에 먹고, 오늘은 김치찌개 먹을까, 돼지고기 없어도 괜찮겠어? 아무거나 먹어도 괜찮아요.

다행히 두 아들 녀석의 입맛은 까다롭지 않다. 그러나 막상 집에 들어와 냉장고 문을 열면 조금 전에 이야기한 메뉴를 포기하는 경우가 많다. 장을 보지 못하고 급히 온 탓에 매번 재료 한두 개가 없다. 다시 사러 갈 시간도 없고. 갑자기 정신이 멍해진다. 나는 겉옷만 후다닥 벗어 소파에 던져놓고는 싱크대에 손을 씻으며 잠시 고민을 하다 큰 소리로 말한다. 그냥 계란볶음밥 먹자. 맛있게 해줄게.

아이들은 실망한 표정을 짓지만, 부정의 대꾸를 하지는 않는다 (무언의 대답은 긍정이라고 했겠다.). 나는 달걀 세 개를 꺼내고 큰 프라이팬을 가스레인지 위에 올린다. 씻어놓은 파를 무협 드라마에 나오는 칼잡이처럼 마구 난도질한다. 1분이 채 걸리지 않는다. 예열된 팬에 식용유를 두르고 난도질당한 파를 넣어 파기름을 만든다. 그다음 차례대로 계란을 깨어 넣고 재빨리 주걱으로 저어 보슬보슬하게 만든다. 오른손으로 재료들이 타지 않게 주걱을 휘저으며 왼손으로 소금 한 꼬집 넣고 후추를 후드득 뿌린다. 곧바로 몇 주걱 밥을 팬에 넣고는 간장과 꿀, 참기름을 뿌린 다음 정신없이 휘젓는다. 불을 끄고는 예쁜 그릇에 툭 툭 툭 세 개를 담아낸다. 김이 모락모락 나는, 노랗고 초록 윤기가 흐르는 계란볶음밥 세 공기 완성이다. 싱크대는 전쟁터처럼 난장판이 되었지만.

 아이들이 맛있게 먹으면 그만이다. 할머니가 담근 김장김치도 얹어 먹고, 외할머니가 볶은 멸치도 집어 먹고, 까만 콩자반도 수시로 먹는다. 맛있다. 나도 아이들도 무사히 저녁 식사를 한다. 집에 돌아온 지 단 10분 만에 우리는 따끈한 밥 한 공기씩을 거뜬히 비워냈다.

 큰아들이 대학생이 된 지금도 나는 10분이면 충분한 계란볶음밥을 만든다. 어느 날은 식구가 달랑 한두 명, 가끔 네 명일 때도 있지만 여전히 가장 자주 해 먹는 메뉴는 당연히 계란볶음밥이다. 오랜 시간이 흘러, 누군가 내 아이들에게 엄마의 손맛, 집밥으로 기억되는 요리가 뭐냐고 묻는다면 '엄마표 계란볶음밥'이라 대답하지 않을까.

정신없이 허둥대며 만든 엄마표 계란볶음밥. 지금까지 우리 가족의 건강과 평화를 지켜준 무적의 히어로. 탁월한 선택인 동시에 식탁 위의 구원자이자 가나안 땅의 만나. 일용할 양식이다.

'40
다시 채우기

흐릿한 방안에 초등학생쯤 돼 보이는 촌스런 단발의 소녀가 앉아 텔레비전을 보고 있다. TV에서는 무슨 말인지 분간이 안 될 정도로 작은 소리가 흘러나오고 있었지만, 그것조차도 거슬리기 짝이 없다.

"꺼"

방바닥에 엎드린 채 고개를 들고 한 마디를 쏘아붙인다. 소녀는 뒤를 돌아보곤 얼른 텔레비전 앞으로 가서 볼륨을 조금 더 낮춘다. 개미 소리 마냥 흘러나오는 미세한 소리에 나는 벌떡 일어나 뒤뚱뒤뚱 소녀에게 다가섰다. "끄라고 했지!" 조그만 손이 소녀의 뺨에 짝하고 닿았다. 으앙, 하고 소녀는 울면서 엄마에게 달려가 안긴다. 나도 다시 방바닥에 엎드려 으앙 하고 울어버렸다. 소녀의 엄마는 달려와 나를 번쩍 안아 들어 올리며 말했다. "성아야, 엄마 다시 또 올 거야. 그때까지 이모랑 놀자"

내가 기억하는 내 생애 가장 오래된 장면이다. 아마 서너 살 때쯤인 것 같다. 연년생으로 동생을 본 엄마는 몸이 좋지 않아 두 명의 아이를 돌볼 수가 없었다. 그래서 젖을 금방 뗀 나를 서울 이모 집에 보내어 일 년 정도 맡겼다. 가끔 엄마는 7시간이 넘는 완행기차를 타고 어린 딸아이를 보러 올라왔다가 하루 자고, 대구에서 울고 있을 젖먹이 아들을 돌보러 다시 내려갔다. 그렇게 엄마가 왔다 간 날, 어김없이 나는 이모 등에서 밤새 자지 않고 울어제쳤다. 그럴 때마다 이모는 나를 들쳐업고 밖으로 나가 동네를 열 바퀴 넘게 돌아다녔다. 나이가 일곱 살 많은 막내 사촌 언니는 보고 싶은 만화영화를 (그것도 아주 작은 소리로) 봤을 뿐인데, 세 살짜리 성가신 꼬마에게 뺨을 맞는 불상사가 벌어졌다. 지금도 우스갯소리를 한다. 그때 바로 껐으면 안 맞았을 텐데.

엄마랑 떨어진 그 일 년이라는 시간 때문이었을까, 결혼 전날까지도 나는 엄마의 젖을 만지는 우스꽝스러운 여자가 되고 말았다. 엄마가 내 옆에 있으면 나도 모르게 손이 엄마의 가슴으로 올라가 버렸다. 초등학생 땐 엄마랑 함께 자는 날이면 나는 늘 자다가 손등을 맞곤 했다. 나도 모르게 엄마 젖을 만졌기 때문이다.

　중고등학교 시절엔 내 방에서 혼자 잠을 잤기 때문에 엄마에게 손등을 맞는 일은 줄었지만, 가끔 엄마가 내 옆에 앉거나 누우면 나도 모르게 손이 또 가슴을 더듬거려 엄마에게 타박을 들어야만 했다. "니는 왜 아직도 엄마 찌찌를 만지노. 안 부끄럽나." 이건 내 (의식이 아니라) 무의식의 일이라서 나도 어쩔 수가 없다고, 같은 변명을 했다. 나는 왜 불안하면 손톱을 물어뜯고 엄마 가슴을 자꾸 더듬는 것일까. 그땐 이유를 알 수 없었다. 그러나 아동 발달과 관련한 공부를 하면서 이러한 행동이 애착과 상관이 있다는 사실을 알게 되었다. 서울 이모 집에서의 일 년의 시간이 30년 동안 엄마를 성가시게 했고 나를 부끄럽게 했다.

　지금은 다행히 고질적인 습관이 사라졌다. 첫 아이를 낳아 나의 아이에게 젖을 먹이는 순간부터였을 것이다. (알아차릴 새도 없이) 어느덧 이 습관이 내 삶에서 사라져 버렸다는 것을 한참 지나고서야 알게 되었다. 친정엄마가 내 옆에 누워 자고 있어도 더는 엄마 가슴으로 손이 가지 않는다는 사실이 놀라웠다. 아니 신비스러웠다. 내 아이가 내 품에서 나와 눈을 맞추며 젖을 먹는 순간, 비로소 나는 나의 엄마 젖을 끊을 수 있었다. 부족했던 애착이 나의 젖으로 다시 채워지던 바로 그 순간.

'40
나도 어쩔 수 없는 아줌마

"이번엔 앞머리를 좀 내리려고요. 그러면 좀 더 어려 보이지 않을까요?"
"음, 별로일 것 같아요. 그냥 옆으로 길게 내리죠."
"네, 그럴게요."

"블루블랙이 유행이라던데, 그거 할까요?"
"그건 컬러가 너무 까매져서 다시 밝은색으로 염색하려면 어려운데. 다시 생각해 보시죠."

15년째 단골 미용실 원장님이 딱 잘라 말한다. 그러면 나는 단 한마디 반항도 없이 금세 꼬리를 내린다. 그녀가 무서워서가 아니다. 그렇다고 내가 귀가 엄청나게 얇은 사람도 아니다. 그런데도 내가 그녀의 말을 순순히 따르는 것은 그녀를 무조건 신뢰하기 때문이다. 그녀의 말을 들어서 내 머리 스타일이 잘못된 적은 한 번도 없었다. 가끔 연예인 사진을 내밀고 이렇게 해주세요, 라고 부탁한 뒤 집에 와서 내가 왜 그랬을까 하며 자신을 탓한 적은 있어도.

머리만큼은 그녀가 나보다 한 수 위다. 아니 그녀가 나를 나보다 더 잘 알고 있는 것 같다. 그녀와 나는 한 살 터울의 동갑내기이다. 30대 중반에 만나 오십에 다다른 중년 여자들 사이에는 뭔가 보이지 않는 익숙함과 안도감이 있다. 같은 시대를 겪었고 같은 지역에 살았으며, 같은 또래 아이를 키웠고 같은 연배의 시댁 식구를 봉양했다. 머리를 말고 자르는 내내 한 시간이고 두 시간이고 그녀와 나는 입을 쉬지 않고 이야기를 나눈다. 평소에 내가 이리 말이 많았던가. 그녀 앞에서는 모든 자물쇠가 해제되는 듯 별의별 시답잖은 이야기를 쏟아내는 나의 모습을 발견할 때마다 피식 웃음이 나오곤 한다. 나도 어쩔 수 없는 아줌마구나.

사회생활을 하다 보면 자리에 맞는 가면을 쓰고 적절한 제복을 입는다. 아이들 앞에서 수업할 땐 영락없는 뽀뽀뽀 뽀미언니가, 대학생들 앞에서는 세상 깔끔한 선생이, 눈물을 흘리며 자신의 처지를 하소연하는 사람들 앞에서는 상냥한 눈빛과 부드러운 목소리의 상담사가 된다.

　그러나 동그란 빵 두건을 쓰고 열펌 기구에 머리를 맡기고 앉았을 때 나는 영락없는 수다쟁이 아줌마가 된다. 그녀는 나보다 한술 더 뜬다. 딱 잘라 내 헤어스타일을 판단하던 전문가 원장님은 사라져 버렸다. 누가 누가 말을 더 많이 하나 대회에 출전한 선수처럼 내 말이 끊어지기가 무섭게 받아 쳐낸다. 가끔 정신이 들 때면 그녀가 이야기에 너무 몰두한 나머지 내 머리 한쪽을 더 잘라내거나 파마 롤을 거꾸로 마는 건 아닌지 의심이 들기도 하지만, 그녀는 완벽하게 내 머리를 완성해 낸다. 과연! 그녀는 프로다.

　운전하다가 신호에 걸려 잠시 멈추었다. 팽그르르 빨간색 띠가 돌아가는 미용실 사인이 눈에 띈다. 문득 백미러로 내 머리를 비춰보았다. 에휴, 흰머리가 벌써 이 만큼이나 올라왔네. 염색한 지 한 달도 안 됐는데. 검은 머리 뿌리에 하얗게 올라오는 흰머리 띠가 눈엣가시처럼 걸려 도저히 참을 수 없는 날, 나는 그녀에게 전화할 것이다.

　무슨 말을 할 건지 미리 생각할 필요 없다. 미용실 의자에 앉으면 기억조차 나지 않던 많은 이야기가 마법처럼 쏟아져 나올 테니까. 주머니 사정을 걱정할 필요도 없다. 나는 15년 단골쟁이 (단골+수다쟁이)니까 말이다.

'40
두 개로 보인다

사물이 두 개로 보인다. 눈을 비비고 다시 크게 떠도 벽에 걸려 있는 시계는 여전히 두 개다. 새벽 다섯 시에 일어나 기도하는 아내를 쳐다본다. 아내는 늘 걱정과 불안을 안고 사는 사람이다. 아내에게 눈이 이상하다고 도저히 말할 수 없다. 하루가 지났다. 밥을 먹으려고 수저를 뜨는 것도 불편하고, 음식물 쓰레기를 버리고 다시 들어올 때 현관 번호를 누르는 것도 힘들다. 요즘 너무 피곤했나, 하루만 자고 나면 괜찮아지겠지.

다음 날 아침, 조심스레 눈을 떴다. 똑같다. 여전히 내 눈앞의 모든 게 두 개다. 오랜 친구들과의 점심 약속이 있어 집을 나섰다. 운전은 도저히 못 할 것 같아 버스를 탔다. 어찌어찌 가서 밥을 먹고 어찌어찌 다시 집에 돌아오는 그 길이 이렇게 힘든 것도 처음이다. 횡단보도 줄이 두 개로 보인다. 인도의 보도블록도 모두 여러 개로 보여 발을 내딛기가 힘들다. 겨우 집에 돌아왔다. 늘 바빠서 얼굴 보여달라고 하기도 미안한 딸에게 전화를 걸었다.

 아빠, 무슨 일이세요? 어. 그냥 해봤지. 그냥? 무슨 일이 있나 했네요. 너는 지금 어디고? 내담자 만나러 잠시 밖에 나왔어요. 진짜 별일 없어요? 어. 그래. 별일 없다. 알았다. 조심히 들어가거라. 네, 아빠 다음 주에 뵈러 갈게요. 그래.

 차마 말을 꺼내지 못했다. 딸은 토요일인데도 일을 하고 있다. 딸에게 물어보면 지금 증상에 대해 좀 알 수 있을까 했는데, 바쁜 아이에게 괜한 신경을 쓰게 할 것 같아 말을 꺼내지 못하고 끊었다. 더듬더듬 핸드폰을 꺼내어 복시(複視)라는 단어를 쳤다. 뇌경색, 뇌출혈, 초기증상이라는 단어가 나온다. 갑자기 두려움이 몰려온다. 시신경 문제라고도 나온다. 이거야. 아마 노안이 문제겠지. 계속 눈을 비빈 다음 다시 본다. 한쪽 눈을 가리고 보면 하나로 보이는데 두 눈을 뜨고 보면 두 개로 보인다. 안 되겠다. 내일은 안과라도 가봐야겠다. 그래도 뇌경색, 뇌출혈이라는 단어가 잊혀지지 않는다. 나의 눈과 뇌가 뿌옇게 흐려져 아무런 생각도 나지 않고 멍하게 소파에 앉아 눈만 껌뻑이고 있었다.
 삐삐삐삐. 현관 비밀번호 누르는 소리가 나고 딸아이가 들어온다. 나를 이리저리 살펴보더니 아빠 무슨 일 있어요? 라고 묻는다. 그제야 나의 상태에 대해 차분하게 이야기하였다. 내 이야기를 듣는 딸아이의 얼굴에서 미소가 점점 사라진다. 걱정 가득한 눈으로 나를 쳐다보더니 아빠 너무 걱정하지 마세요. 의사 친구에게 한번 물어볼게요.

전화 통화를 한다. 전화를 끊더니 병원에 지금 가야 할 것 같다고 말한다. 딸 친구 말로는 뇌에 문제가 있을지도 모르니 당장 가 보는 것이 좋겠다는 것이다. 생글생글 웃으며 말하는 평소와 달리 침착하게 말하는 딸아이의 목소리를 들으니 또다시 두려움이 몰려온다. 놀라는 아내를 두고 딸아이가 운전하는 차를 타고 대학병원 응급실로 향했다. 하필 지금은 토요일 저녁 8시다.

딸아이가 나의 상태를 말하자 의료진들이 나의 팔에 링거를 꽂는다. 내 생애 링거는 처음인데, 라고 중얼거리자 딸아이가 그제야 웃으며 아빠, 완전 건강하셨는걸, 운 좋으셨네요. 하고 미소를 보였다. CT를 찍었다. 얼마 후 의사가 다가와 다행히 뇌출혈은 보이지 않지만, 뇌경색일 가능성이 있으니 더 정밀한 검사를 받아야 한다고 한다. 뇌경색이라는 말에 가슴이 내려앉았다. 딸아이의 표정을 보니 곧 울 것 같다. 나도 눈물이 나려 했지만, 꾹 참았다.

다시 MRI라는 이상한 통속에 들어가 20분이나 굉음을 견뎠다. 응급실로 돌아와 침대에 누웠는데 머릿속이 멍하고 아픈 느낌이 든다. 뇌경색이 맞겠구나. 평소에 없던 두통까지 오는 걸 보니 갑자기 집에서 안절부절못할 아내 모습이 떠오른다. 아들 내외도, 그리고 멀리 타국에 있는 손자들도 눈앞에 어른댄다. 그냥 눈을 감고 있을 수밖에 없다. 얼마 전 세상을 떠난 친구들의 장례식이 생각나고, 가장 친한 친구의 암 투병 모습도 떠오른다. 나도 이제 때가 되었구나.

타닥타닥, 딸아이의 달려오는 발걸음 소리가 들린다. 아빠! 뇌경색이 아니래요. 뇌가 나이에 비해 너무나 깨끗하고 좋대요. 다행이에요. 아마 시신경 문제인 것 같다, 고 하네요. 의사 선생님이 말씀해 주셨어요, 이제 걱정하지 마세요. 활짝 미소 짓는 딸아이 두 명이 보인다. 두 배로 기쁜 복시다.

'40
사라지지 않는 것들을 위하여

불운은 갑자기 찾아온다고 했던가. 그해 여름을 생각하면 지금도 한쪽 가슴이 아려온다. 내 생애 홍수로 집을 잃을 것이라고는 짐작이라도 했을까. 그런데 그 일이 내 눈앞에서 벌어졌다.

여러 해 휴가철마다 찾아가던 조용한 동해의 어촌 마을, 내 오랜 염원이던 세컨하우스가 드디어 현실이 되었다. 바쁜 주말을 쪼개어 일 년을 정성 들여 손수 고쳤다. 빛바랜 철문에 오렌지색 페인트를 칠하자 바다 햇살에 반짝반짝 빛을 내던, 돌담 작은 오두막집 모습이 지금도 눈에 선하다. 태풍이 온다는 예보에 남편과 내려가 물 펌프도 사 두고 모래주머니도 쌓고 튼튼한 비닐로 문틈을 꼼꼼히 메꾸어 놓으며 거센 비바람에도 무사하길 밤새 기도했다. 그러나 해가 뜨자마자 이장님과 통화 후 달려갔을 때, 나의 오두막집은 물속에 잠겼다가 나온 곰 인형처럼 축축하게 늘어져 있었다. 바꾼 지 한 달도 채 안 된 거실 통유리는 모서리가 깨지고 냉장고는 쓰러져 있고 방안 가득 진흙 범벅이었다. 아끼던 도자기 찻잔과 소품들도 처참하게 바닥에 나뒹굴고, 밝은 회색 소파에 앉아 바닷가를 바라보며 읽던 책은 흙탕물에 불어서 두툼하고 더러운 몰골로 여기저기 흩어져 있었다.

 으앙. 나는 어릴 적에나 울던 커다란 울음을 터뜨렸다. 얼마나 울었는지 모른다. 남편이 어깨를 감싸며 위로해 줘도 도무지 울음은 멈추지 않았다. 태풍은 금세 지나갔지만, 눈물은 일주일 동안 계속 흘렀다.

 며칠 동안 TV 뉴스는 지난 태풍에 관한 소식으로 도배를 했다. 사람들은 어이없는 변을 당했다. 지하 주차장에 차를 옮기러 나간 엄마가 걱정되어 찾아 나선 어린 아들이 밀려드는 물에서 빠져나오지 못했다. 주차장 천장 파이프를 잡고 가까스로 버티다 내려온 엄마는 아들의 죽음에 망연자실했다. 뉴스를 보며 나도 소리 내어 한참을 울었다. 울고 또 울었다. 몸속의 수분이란 수분은 다 빠져나간 듯한데 어디서 물이 채워지는지 눈물은 하염없이 계속 흘러나왔다.

일주일이 지난 후, 오두막집에 살수차 2대가 오고 스무 명이 넘는 자원봉사자들이 집안 모든 물건을 내놓고 커다란 호스로 온 벽과 바닥을 씻어내렸다. 하나도 건질 게 없었다. 물건을 내놓으면서 이건 씻으면 다시 쓸 수 있겠는데. 말을 흐리시며 내 눈치를 살피는 봉사자 아저씨에게 나는 단호하게 "버려주세요. 싹 다 버려주세요!"라는 말만 반복했다. 열 시간 넘는 작업 후 뼈대만 남은 앙상한 오두막집을 한참 동안 바라봤다. 이젠 그만 가자며 잡아끄는 남편의 손을 뿌리치고 새파란 바다를 향해 크게 소리를 질렀다. 그것으로도 분이 풀리지 않아 평소 하지 않던 어색한 욕지거리를 하고 나서야 돌아섰다. 야~ 시팔, 잘 먹고 잘살아라!

대구 집에 돌아와서는 한동안 꼼짝을 하지 못했다. 며칠 동안 침대에 누웠다가, 소파에 누웠다가, 축 늘어진 새처럼 먹지도 않았다. 그러다가 문득 내가 소유하고 있는 많은 것들이 눈앞에 보였다. 일어나 집안 물건을 정리하기 시작했다. 불이라도 난다면 저것들은 한순간에 사라져 버릴 수 있어, 태풍이 쓸어간 것처럼. 지금은 내가 소유하고 있지만 언제라도 내 곁을 떠날 수 있는 허무한 것들이었다. 물건 하나하나를 갖기 위해 투자한 돈과 시간과 애정은 중요치 않았다.

그때부터였나 보다. 내 곁을 떠날 수 없는 것. 예컨대 가족의 사랑, 내 머릿속에 들어있는 지식, 내 일의 노하우, 우정과 봉사 그리고 배려와 따뜻한 마음처럼 눈에 보이지 않고 손으로도 만져지지 않지만, 최악의 상황에도 사라지지 않는 소중한 것들을 하나씩 둘씩 찾아 나섰다.

물건을 내놓기 시작했다. 새것부터 필요한 사람들에게 전달했다. 생일 선물로 받은 명품 립스틱이 후배에게 박스 채 건네졌다. 핸드크림, 손 마사지 기계, 텀블러, 영화 쿠폰까지. 옷도 정리해 수거함에 한가득 넣었다. 알록달록 장신구들과 장식장에 놓인 소품들도 내놓았다. 한결 집안이 깨끗해지고 간소해졌다. 남은 것조차 언제 사라져도 아쉬울 것 없어 보였지만 당장은 필요하기에 그 자리에 잠시 놓아두었다. 나의 소비 습관도 크게 바뀌었다. 먹을 것을 제외하고는 웬만하면 쇼핑을 하지 않았다. 사라질 것들. 이젠 더는 내 옆에 한가득 쌓아둘 필요가 없다는 사실을 깨달았다.

상실을 겪고 난 후 지금 나보다 더 큰 상실을 겪는 가족들을 만나고 있다. 자녀를 잃은 부모들을 만나는 애도 상담이다. 커다란 슬픔을 겪고 있는 이들을 만나면서, 지난 나의 상실들을 떠올리며 지운다. 그리고 그들과 함께 결코, 사라지지 않는 것들에 대해 이야기하고 노래를 한다. 사랑하는 아이의 육신은 비록 사라졌지만, 아이와 함께한 그 시간은 여전히, 아니 영원히 그대로. 결코 떠나지 않는다는 것을 우리는 확인하고 또 확인 한다. 그리고 다시 웃으며 함께 살아가자고 서로를 위로하고 격려한다.

사라지지 않는 것들을 위하여.

'40
아날로그 세상을 그리며

핸드폰 케이스가 망가졌다. 출시된 지 오래된 모델이라, 예쁜 것으로 새로 사고 싶어도 선택지가 별로 없다. 신제품이거나 일, 이년 채 안 된 핸드폰의 케이스는 수를 헤아릴 수 없이 많다. 남편과 아이들은 2년이 지나면 핸드폰을 새로 바꾸고 싶어서 안달이지만, 나는 바꾸고 싶지 않아서 고집을 부린다. 아니, 사실은 못 바꾸는 것이다. 새 폰에 적응하는 게 쉽지 않은 나의 뇌와 몸 때문에.

나는 아날로그 인간이다. 좀처럼 스마트해지지 않는다. 스마트한 인간은 왠지 인간미가 없게 느껴질 정도다. 나와 맞지도 않고 친근하지 않다고 스스로에게 세뇌를 시키고 있는지도 모른다. 솔직히 말하자면 나는 스마트한 게 싫다.

인터넷 뱅킹은 편리하지만, 겁이 난다. 마트나 시장에 가서 사는 것보다 온라인 스토어에서 사면 배송도 빠르고 결제가 간편하다는 걸 알아도 미덥지 않다. 눈으로 직접 보지 않고 주문하니 배송될 때까지 불안하다. 핸드폰으로 그림을 그리고 음악을 만든다는 뉴스를 들으면 왠지 가짜 같은 생각이 들기도 한다.

또 다른 세상인 SNS에서 나는 현실과 다른 사람이 된다. 페이스북이나 인스타그램 세상 속 나는 언제라도 삭제되거나 다시 생성될 수 있는 인조인간 같은 느낌이다. 얼굴과 몸매 사진을 포토샵 해서 올리고, 좋은 것과 근사한 것, 흥미로운 일정과 사건들을 올린다. 가끔 솔직한 내 모습을 업로드한 경우 채 하루도 넘기지 못하고 나만 보기로 돌리거나 삭제해 버리고 만다. 내가 아무런 보호 장치도 없이 적나라하게 드러난 상태로 세상에 내동댕이쳐진 기분에 정신이 번쩍 들기 때문이다. (사실 제정신은 날 것의 인간적인 모습을 한 상태인데도 말이다)

나의 초 중고 시절은 아날로그 세상이었다. 학원 뺑뺑이라는 것 없이 하루 종일 흙 놀이터에서 놀아도 부모님이나 학교에서 뭐라 하지 않았다. 삐삐 속 8282나 1004에 웃고 울었던 아날로그 세상. 대구백화점 남문 앞에서 친구가 올 때까지 한 시간이든 두 시간이든 하염없이 기다리다가 막상 친구가 헐레벌떡 달려와 늦은 이유를 설명하면 속상했던 마음을 금세 풀고 함께 팔짱을 낀 채 떡볶이를 먹으러 갔던 그 세상이 그립다.

아날로그 세상에서는 나도 그리고 너도 주인공이었다. 조금 부족하고 느려도, 세련되지 못해도 괜찮았다. 그러나 스마트한 세상에서 나는 특별하지 않은 얼굴과 비슷한 표정, 남다를 것 없는 환경의 한낱 엑스트라일 뿐이다. 언제든 대체되거나 잊혀질 수 있는.

취침 전 침대에 누웠다. 머리맡 서랍장 위에 책 한 권과 핸드폰이 놓여 있다. 방안 불을 끄고 조명등을 켠다. 그리고 잠시 고민하다가 하나를 집어 들었다. 아날로그 세상이 다시 열린다. 두근거리던 심장이 서서히 잦아들기 시작한다.

'40
대백 남문에서 만나

대백 남문에서 두 시에 만나.

파란 셔츠를 입고 대백 남문에 서 있을게요.

엄마, 학원 마치고 갈 테니 대백 남문에서 열두 시 조금 넘어서 만나요.

대구에 살면서 대백 남문을 모르는 사람이 있을까. 밀레니엄 이후에 태어난 젊은 세대에겐 낯선 단어일지 모르지만, 대구에서 나고 자란 토박이에게 대백 남문은 특별한 장소였다. 대백은 대구백화점의 줄인 말. 대구 사람에게 오랫동안 사랑을 받은 독보적인 지역 브랜드이다. 대구백화점에는 여러 개의 문이 있다. 분명 정문, 동문, 북문이 있었겠지만, 그 존재 여부는 중요하지 않았다. 우리에게는 남문만이 중요했고, 커다란 정문보다 작은 남문에 늘 많은 사람으로 북적였다. 우리는 늘 남문에서 만났고, 거기서부터 그날의 시내(동성로) 일정은 시작되었다.

 2021년 7월 1일 대구백화점이 영업을 중단한다는 소식을 뉴스에서 접한 날, 왜 이리 가슴 한켠이 허전하였을까. 며칠간 친구들과의 화두는 대구백화점 폐점이었고 하나같이 아쉬워하였다. 우리 시내만 가면 매번 거기서 만났잖아. 소개팅 남자도 거기에서 처음 만났었는데, 우리 늘 거기에서 만나서 쇼핑했잖아. 다른 곳은 몰라도 엄마와 내가 함께 아는 곳이었는데. 이야기하는 내내 우리는 삼십 년도 훌쩍 넘은 그 시절을 떠올리며 대백 남문 앞에 서 있었다.

 대백 남문에 서서 지나가는 사람들을 물끄러미 바라보았다. 두 시에 만나기로 하였는데 나는 일찍 도착했다. 가끔 시계를 바라보았지만, 그래도 심심하지는 않았다. 사람들 표정을 관찰하는 것도 재밌었다. 어떤 사람들은 무심한 듯 만나고, 어떤 사람은 저만치서부터 반가워 달려오기도 하고, 또 어떤 사람은 한동안 서로의 손을 부여잡고 마구 흔들며 인사를 나눈다. 그러다 보면 얼마나 시간이 지났는지도 모르게 나와 만나기로 한 사람이 내 앞에 서 있다. 어떨 땐 나도 손을 잡고 폴짝 뛰기도 하였고, 내가 먼저 다가오는 사람을 알아보고 함박웃음을 지으며 손을 흔들기도 했다. 내가 좋아하는 사람이 먼저 와 있으면 수줍은 미소를 감추며 가만히 다가가 그의 어깨를 툭 치기도 했다. 영화 필름처럼 순식간에 흘러가는 장면들에 나도 모르게 웃음이 났다.

대백 남문에서 만나기로 한 약속은 거의 지켜졌다. 오랜 시간 기다리다 혼자 돌아선 기억이 없는 걸 보니. 핸드폰도 없던 그 시절, 우리는 대백 남문에서 꼭 만나고야 말았다. 내가 안 가면 그 사람은 하염없이 홀로 기다려야 하니 어떤 일이 있어도 꼭 그 장소에 가야 했고, 내가 못 가면 다른 누군가에게 부탁해 못 간다는 언질이라도 보내야 했던 그 시절.

핸드폰이 생기고 나서 우리는 쉽게 약속하고 쉽게 약속을 취소한다. 몇 시간 전에, 아니 간혹, 약속 시간 임박해서 올 수 없다는 전화나 문자메시지를 받기도 한다. 그럴 때면 쓸쓸하게 허탈한 웃음 짓는다.

대백 남문. 그곳은 단순한 장소가 아니다. 그것은 약속의 다른 말이다. 우정도 사랑도 비즈니스도, 대구 사람들은 대백 남문에서 시작하고 끝을 맺었다.

'40
사랑은 일방통행

도덕 시간이었는지 국어 시간이었는지 정확하게 기억은 나지 않지만, 선생님이 장래 희망을 적으라고 종이를 내어주셨다. 한참을 고민하던 나는 국민학교 시절부터 적어 내던 외국 특파원이라는 단어 대신에 네 글자를 또박또박 힘주어 적어 내려갔다. 현, 모, 양, 처.

현모양처라는 단어의 뜻을 제대로 알긴 했을까. 고작 열네 살의 앳된 소녀가. 하지만 나는 기자라는 세련된 꿈을 내려놓고 나의 미래 모습으로 사랑스러운 아내를 꿈꾸었다. 그리고 그 이듬해 나의 첫사랑이 시작되었다. 콧대 높았던 한 남자를 향한 오랜 짝사랑 끝에 나는 드디어 그의 여자 친구가 되었다. 완전한 승리였다.

긴 세월 동안 열렬히 구애했다. 손 편지는 물론이거니와 서툰 피아노 연주를 녹음한 카세트테이프, 말린 꽃잎으로 장식한 수공예 문집까지, 일부러 그의 하교 시간에 맞추어 몰래 숨어 기다렸다가 우연히 마주친 것처럼 놀라는 퍼포먼스를 하기도 했다. 엄마 아빠에게 그와 결혼할 거라고 큰소리를 치고, 친구들에게는 그는 내 거니까 아무도 좋아하지 말라고 엄포를 놓을 정도로 나의 사랑은 열정적이었다. 너무 대놓고 좋아해서인지, 아니면 속된 말로 인기 많고 영리한 그의 어장관리 때문이었던 건지, 나의 속을 7년이나 태운 후에야 그는 사귀자고 나에게 프러포즈했다.

7년의 사랑은 채 일 년도 되지 않아 사그라져 버렸다. 그가 아니고 내가 문제였다. 그에게 이별 통보를 수차례나 반복했다. 사소한 다툼에도 내가 느낀 서운함은 너무나 컸다. 지금 생각해 보면 대부분이 말도 안 되는 나의 억지였다. 혼자 상상하고 혼자 슬퍼하고 혼자 이별 결정을 내렸다. 그 시절 나는 내가 준 만큼 사랑을 받고 싶어 했다. 그래서 내게 보내 준 그의 진심 어린 사랑을 제대로 받지 않고 거부해 버렸나 보다. 마음속 깊이 이 단어를 품었었다. 보상심리(내가 준 만큼 너도 내게 줘야 해.).

너무 오랫동안 열렬한 외사랑이 문제였다. 사랑을 줄 줄만 알았지, 받는 법은 몰랐다. 어리석은 나의 사랑법은 그 이후에도 나의 연애에 걸림돌이 되었다. 아예 사랑을 시작하는 것부터 겁을 내었다. 그래서 누가 진지하게 다가오면 뒷걸음을 쳤다. 또 이별할 것 같은 두려움이 연애의 설렘보다 더 강렬하게 엄습했기 때문이다. 그렇게 제대로 된 연애를 하지 못하다가 남편을 만나 몇 개월 만에 결혼했다. 남편은 처음 만날 때부터 연애 상대가 아니라 내 아이 아빠의 모습으로 오버랩 되었다. 지금 생각해도 신기한 일이다. 왜 얼마 만나지도 않은 사람에게서 다정한 아빠의 모습이 그려진 건지.

 남편에게는 첫사랑에게 그랬던 것처럼 열렬한 말과 행동을 하지 않았다. 그의 조용하고 말 없는 사랑을 주는 그대로 받았다. 다시 내가 주지 않아도 괜찮았다. 그는 한결같은 다정한 말과 행동으로 나를 대한다. 대신 그 사랑을 나의 두 아이에게 아낌없이 전달한다. 때론 조용히 표시 나지 않게, 때론 열정적으로 시끄럽게 표현한다. 그래도 남편은 나에게 억지를 부리거나 서운해하지 않는다. 내가 아이들을 사랑하는 만큼 그는 더 기뻐한다. 그가 나에게 준 사랑의 방향은 일방통행이다.

 어릴 적 내가 원했던 사랑과 연애는 쌍방통행이었다. 엄밀히 말하자면 호혜성의 법칙, 주는 만큼 받고자 했다. 그러나 결혼하고 나서 나의 사랑법에 변화가 생겼다. 받지 않아도 계속 내어주기. 내 남편이 나에게, 내가 아이들에게 하는 것처럼.

 잠든 남편의 얼굴을 가만히 쓰다듬어 본다. 세월에 움푹하게 패인 그의 주름살이 내 손끝에 닿으면 나는 긴 숨을 내쉬고 다시 잠이 든다. 그리고 나의 장래 희망을 기억해 낸다. 현, 모, 양, 처. 지금도 현재진행형인 나의 장래 희망이다.

'40
진통제

결혼식을 올린 신랑 신부의 첫날 밤, 신랑은 아리따운 신부에게 다가가 사랑이 가득 담긴 눈빛을 그윽하게 보내더니 번쩍, 신부를 두 손으로 안아 사뿐히 들어 올리고는 침대로 향한다. 신부는 신랑의 듬직한 팔뚝에 몸을 맡긴 채 사랑스런 미소를 내보인다.

이건 역시 드라마에서나 일어나는 일이었어. 나의 신랑은 결혼 25주년이 된 지금까지 나를 두 손으로 들어올리기는커녕, 업어 달라고 하면 허리 아프다며 10초쯤 등에 걸치듯 업었다가 금세 내려놓는다. 그것도 결혼 초기에 한두 번이었나. 당신 몸무게가 생각보다 많이 나가네, 하며 멋쩍은 웃음을 지으면서.

나는 애교가 많은 스타일도 아닌지라 평소에 굳이 남편이 안아서 침대나 소파에 데려가 주기를 원하지는 않는다. 안아 들어준 다고 해도 오히려 내가 불편해서 손사래를 칠 것이다. 그러나 남편이 나를 들어 안아 올려주지 않았던 그 날의 사건은 이 십여 년이 지난 지금도 많이 서운하다.

 십 대 때부터 나는 한 달에 사나흘은 생리통으로 크게 고생하곤 하였다. 일반적으로 친구들이 겪는 수준의 고통이 아니라 배를 쥐어짜는 듯한 통증과 다리 저림과 설사와 구토 증상이 며칠 동안 나를 괴롭혔다. 그래서 그맘때쯤이면 내 눈 아래 다크 서클이 턱까지 내려왔다고 친구들이 놀리기도 하였고, 퀭한 몰골로 집안에서 꼼짝 않고 누워있어야만 했다. 어른들은 생리통은 결혼하면 좀 나아진다, 아기를 낳으면 많이 나아진다고 조언을 하셨다. 꼭 그것 때문만은 아니지만 나는 스물다섯 어린 나이에 시집을 갔다.

 결혼 초기, 미국 밀워키의 작은 아파트에서 첫 살림을 시작하였다. 남편 하나 믿고 떠난 미국행이었다. 결혼 후에도 나의 생리통은 도무지 나아질 기미를 보이지 않았다. 그러던 어느 날, 최대의 고통이 나를 덮쳤다. 생리통으로 화장실에서 구토하다 배가 너무 아파 그 자리에 쓰러져 버린 것이다. 온몸에 비 오듯 식은땀이 흘렀다. 아픈 배를 움켜쥔 채 꼼짝할 수 없었다. 그 고통은 출산에 버금가는 강도였다. 나의 희미한 외침을 듣고 달려온 남편은 놀란 눈으로 나를 들어 안아 올리려고 했으나 화장실이 좁아서인지, 내가 무거워서인지, 아니면 내 몸이 너무 경직되어 있어서인지 들어 올리지 못했다. 몇 번이나 들어 올리려다가 내려놓고 올리려다 내려놓고를 계속하더니, 결국 두 팔로 나를 안은 채 주저앉아 버렸다.

 미안해, 도저히 들어 올릴 수가 없어. 순간 통증과 더불어 몰려오는 서운함, 나의 몸무게로 인한 부끄러움. 아픈 순간에도 여러 감정이 휘몰아쳤다. 남편 얼굴도 온통 땀범벅이었다. 911을 부를까, 내가 뭘 하면 되지? 물 줄까? 약 먹었어? 심한 통증 때문에 속사포처럼 묻는 그의 말에도 나는 한동안 대답을 못 하다가 겨우 입을 열었다. 진통제. 그거 두 알 좀 갖다줘.

 진통제를 먹고 나서도 한동안 나와 남편은 좁은 화장실 안에서 함께 고통스러워했다. 십여 분쯤 지나니 거짓말처럼 고통이 잦아들었다. 남편의 부축을 받으며 화장실을 나왔고 그제야 나는 침대에 누울 수 있었다. 남편은 이런 나를 보고 안도의 한숨을 내쉬며 동시에 겸연쩍다는 듯 미안한 표정으로 "미안해. 아까 들었어야 했는데."라고 말했다. 나는 그런 남편의 눈을 외면한 채 "내가 뭐 그리 무겁다고. 남자가 그것도 못 드냐?" 볼멘소리로 서운함을 드러냈다.

그날 이후, 우리 집에는 진통제가 떨어지지 않는다. 내 방 서랍, 주방 찬장, 심지어 화장실 캐비닛에도 놓여 있다. 남편은 내가 진통제가 필요하다고 하면 언제 어디서든 한밤중이라도 달려가서 사 온다. 마법의 그 날이 다가오기 전에 진통제가 떨어지진 않았는지 내게 물어보기도 한다. 진통제는 나보다 남편에게 더 큰 약효를 발휘한다. 내겐 통증을 사라지게 하지만, 남편에게는 심리적 안정감을 가져다주는 거룩한 그 이름. 진통제.

'40
츄뇨 꽃이 피는 날

　남미 페루와 볼리비아 중서부에 사는 사람들에게 감자는 신이 주신 특별한 양식이다. 땅이 척박하고 흉년이 잦은 안데스 고산지대에서는 수확한 식량을 오랫동안 보관할 수 있는 저장법이 필요했다. 그래서 그들은 감자를 냉동건조시킨 '츄뇨'를 탄생시켰고, 이 전통적인 저장 방식은 수 천 년을 이어 오고 있다.

　츄뇨를 만들려면 우선, 수확한 감자를 고지의 차가운 밤기운에 얼린 뒤 낮에 발로 밟아 감자 속 수분을 짜내고 햇볕에 말리기를 수차례 반복한다. 이렇게 완성된 츄뇨는 무려 20년 동안이나 저장하는 게 가능하다. 다시 요리할 때 물에 불려서 사용하는데, 그 맛은 신선한 감자와 다름없을 정도이다. 물론 수분이 적어 감자의 강렬한 풍미는 덜하지만, 다른 재료와 양념의 향이 잘 배어든

감자요리를 맛볼 수 있다는 장점이 있다.

츄뇨 이름이 들어간 노래를 우연히 듣게 되었다. 피리를 전공한 후배는 유난히 안데스 음악을 좋아한다. 그의 차에는 늘 안데스 선율이 흐른다. 평소에 이런 음악들을 많이 접하지 않아서인지 시원한 바람 소리가 불어오는 듯한 안데스 음악을 들으면 절로 휘파람이 난다. 그날도 어김없이 안데스 음악이 흘렀지만, 나는 휘파람을 불지 않았다. 템포는 느리지 않고 여전히 안데스 음악답게 경쾌한데, 노래를 부르는 남자의 목소리가 사뭇 진지하게 들렸기 때문이다. 중요한 메시지를 전하는 느낌이라 할까. 중간중간 츄뇨라는 단어가 들린다. 운전 중인 후배에게 물었다. 이 노래 제목이 뭐야?

'츄뇨 꽃이 필 때'

그렇게 츄뇨라는 단어를 처음 알게 되었다. 츄뇨가 식물 이름이 아니라 감자라는 것도. 일반 감자도 아닌 가공된 감자에 꽃이 필 때라니. 츄뇨 꽃이 핀다는 말은 절대로 일어나지 않을 일을 말한다. 사람들은 그녀가 돌아올지도 모른다고 말하지만, 그는 안다. 그녀가 돌아오지 못하리라는 것을. 그래서 그는 츄뇨에 꽃이 필 때 그녀가 올 것이라고 반복하며 노래를 부른다. 내가 감히 휘파람을 불지 못한 이유였구나. 츄뇨 감자에 꽃이 피는 날 그녀가 돌아올 것이라고 말하는 그의 마음은 어땠을까. 너무나 간절하지만 (냉혹하게도) 1%의 가능성도 없는 현실에서, 그래도 그는 계속 노래를 부른다. 츄뇨 꽃이 필 때 그녀는 돌아올 것이라고.

우리가 사는 세상도 이렇지 않을까. 매번 좌절하고 또 좌절하지만 아주 희박한 가능성을 바라보며 척박한 삶을 살아가는 사람들이 있다. 포로수용소에 갇혀 가족들과 동료들이 가스실로 끌려가는 것을 보면서도 삶의 끈을 놓지 않은 유태인 생존자들. 사업 실패로 온 가족이 뿔뿔이 흩어졌지만, 밑바닥부터 올라서서 다시 가정을 꾸린 사람들. 생사를 오가는 모진 항암치료를 이겨내고 완치 판정을 받은 사람들. 그들에게 가능성이 많았을 리가 없다. 그래도 그들은 단 몇 퍼센트의 희망도 잃지 않고 불가능을 기적으로 만든 사람들이다.

50%가 넘는 확률에만 움직이는 세상이라면 너무 슬프지 않은가. 숫자로 표기된 가능성에 내 인생을 맡겨 쉽사리 포기하지 말아야 한다. 물론 세상은 예측하는 대로 흘러가지는 않는다. 그러할지라도 츄뇨 꽃이 필 때를 그리며 살아갈 필요가 있지 않을까. 무조건적 낙관주의자가 되자는 얘기가 아니다. 좌절하지 않고 꿋꿋이 살아가기를 원한다. 현실이 암담하여 주저앉고 싶어도, 좋

아질 가능성이 전혀 보이지 않는 순간이라도, 끊임없이 나에게 그리고 세상에 말 걸어보자.

 츄뇨 꽃이 필 때, 츄뇨 꽃이 피어나기를, 츄뇨 꽃이 피어날 것이라고.

50

김정화

김정화 (한의사)

'50

내가 고등학교 1학년 때 아버지는 일찌감치 딸의 진로를 정해 주셨다. 너는 한의대를 가라, 돈을 잘 번다. 나는 지금 성적으로도 갈 수 있다고 까불다가, 겨우 입학했다. 한의사는 내 적성에 맞지 않았지만 경제적 보상이 컸다. 가난한 학창시절에 비하면 재벌이 된 듯하였다. 학교에서 배운 한 가지 기술로 평생을 살고 있으니, 운이 좋다. 지금은 천직이라 여긴다.

한의사가 웬 글쓰기를! 전광석화 같은 빠름과 정확성을 추구하는 나는 평생 변비조차 걸린 적이 없다. 내 의견을 접어둘 줄 모른다. 거칠다는 소리를 들었다. 일상 대화에서도 기승전결을 따르지 않는다. 생각을 일렬로 늘어놓는 기술이 없어 더욱 그렇다. 머릿속에서 튀어나와 평면에 내다 박힌 내 글은 파편처럼 흩어져 문장끼리 비약이 난무하고 한참 불친절하다. 모순되는 메시지가 동시다발로 등장한다. 잘 쓴 글을 읽고, 서로 결이 다른 사람들의 문장을 보고, 거기에 시간이 더해지면서, 이제 매력으로 봐 줄 수 있을 정도는 되었다.

컴퓨터 화면 옆 오래전 노란 포스트잇에 써 붙여 둔 오유(傲遊)라는 글귀를 본다. 예술에 노닐어라, 유어예(遊於藝), 논어 술이(述而)편에서 왔다. 거의 매일같이 이 글귀를 보지만 나는 성난 듯 살았다. 60년 한 바퀴를 막 돌았다. 두 번째 바퀴도 격하게 살아야 한다. 이번에는 노닐어 가면서.

'50
대구가 고향입니다

내 관향은 구미 선산이다. 시조는 김선궁이다. 김선궁(김알지 29세손으로 문성왕의 7세손이며 신라의 김씨 마지막 왕손 체의 공의 아들)이 고려 개국 일등 공신이 되고 문하시중에 올랐다. 후손들은 본관을 일선으로 하였으며, 고려와 조선 때 명문벌족(名門閥族)으로 크게 번성하였다. 조선 시대 김숙자와 아들 김종직은 일선 김씨 문중의 자랑이다. 자손들은 대구와 서울 경기에서 많이 산다. 그래서 나도 대구에서 태어났을 것이다.

대구를 떠난 적이 없다. 대구에서 태어나 자랐고, 대구에서 학업을 마쳤다. 결혼도 대구에서, 아이도 대구에서 낳았다. 다른 지역에 가면 사람들마저 달리 느껴진다. 그러다가 그들 부모님이 대구에 계신다고 하면 순식간에 마음이 열린다. 제주도를 무척 좋아하지만, 굳이 '한 달 살이' 같은 유행에 마음을 내지 않는다. 변화나 도전보다 현재 상태를 유지하는 것이 편하다. 딸도 나를 닮았는지 서울로 대학 진학을 하거나 다른 지역에서 직장 생활하는 것을 고려하지 않는다. 딸은 9년째 교리교사를 하면서 성당 지킴이 인증도 받은 터다.

아, 대구를 떠나 산적이 있다. 내가 초등학교 들어가기 전 영천으로 통근하던 아버지가 교통사고를 당해 차 밖으로 튕겨 나갔는데, 다행히 두피 찰과상만 입은 채 몇 바늘 꿰매고 당신 발로 걸어 들어오셨다. 다들 저승사자가 비켜 갔다고 했다. 엄마는 혼비백산하여 바로 영천으로 이사를 하였다. 아버지의 안위는 곧 식구들의 안위인지라. 1년 만에 아버지가 대구로 다시 들어오게 되자 영천에서의 타향살이는 끝이 났다.

영천을 떠올리면 소실점 뒤로 희미한 회색이 그려진다. 작은 도시였다. 집에 토끼장과 새장이 있어 토끼와 잉꼬 새 한 마리를 키웠다. 예쁜 잉꼬는 꼬마들이 주는 모이도 거부하고 날아가 버렸고, 토끼는 밤을 넣고 폭 삶아져 아빠의 보신용이 되었다. 신작로 한 쪽 켠 블록 벽돌집들이 마치 영화 세트장 같았다. 인구가 적고 공원이나 놀이시설도 없었다. 2~3일에 한 번씩 엄마를 따라 방천시장에 가서 군것질하는 재미도 사라졌다. 내성적인 엄마는 동네 사람들과 내왕하지 않을뿐더러 딸들 추석치레나 큰 소비를 할 때면 대구를 다녀왔다. 사과만큼은 실컷 먹었다. 사과 농사를 주로 하는 영천에서 껍질이 연두색을 띠는 인도, 노란 골덴, 시원한 국광, 새콤한 홍옥 등 다양한 품종의 사과를 맛보았다.

지난 일요일 서울을 다녀왔다. 지인 아들 결혼식이 북촌과 삼청동을 지나 산허리 한참 위에 떡하니 차려졌는데, 대구와 규모가 달랐다. 큰 산과 바다 같은 강을 낀 도시 서울은 거대 자본이 넘쳐나고 화려하다. 지방의 청년들은 너도나도 서울로 올라간다. 무수한 기회 때문일 것이다. 비록 선택의 여지는 무의미하고 그들을 가두는 함정이 될지라도 말이다.

어릴 적 불렀던 대구의 노래를 불러본다.
'능금 꽃 피고 지는 내 고향 땅은 팔공산 바라보며 해 뜨는 거리. 그대와 나 둘이서 꿈을 꾸었네. 아름답고 정다운 꿈을 꾸었네.'

내 고향은, 대구입니다.

50
기억은 못 해도

뇌에서 기억을 만드는 능력이 떨어졌다. 기억력만 떨어지는 것이 아니라 다른 기능도 떨어져 더는 지속적인 차이를 유지하기 어렵다. 약속을 잡고 나서 그 시각에 다른 약속이 있음을 인지하지 못한다. 벨이 울린다. 어디쯤 오고 계십니까. 낭패다. 생각 좀 하며 살라고 하지만, 넌센스다. 생각이 기억을 만들지는 못 한다. 뇌의 운동은 생각이 아니고 기억을 만드는 훈련이다. 생각은 기억을 꺼내서 연결하는 과정일 뿐이다. 그래서 생각을 많이 하는 사람도 치매에 걸린다. 누구나 가야 하는 길이다.

자연을 지배하는 대칭 원리와 기억을 비교 연구한 사람이 있다. 제럴드 에델만이다. 대칭이란 양자역학과 일반상대성 원리에 깔린 핵심적 수학 원리이다. 에델만이 기억에 대해 확장해서

보려는 것은 그의 저서 『신경과학과 마음의 세계』에서 밝힌 대로 마음의 출현에 대한 자신의 진화론적 믿음 때문이다. 그는 DNA에서 일어나는 복제, 림프구에서 일어나는 면역, 뉴런에서의 신경 반사작용, 복합 뇌에서의 재범주화를 기억의 유형으로 든다. 기억을 생물학적 적응 시스템들이 갖는 본질적인 특성, 생명계의 기술로 본 것이다. 무식한 내 눈에도 DNA의 이중 나선형 구조가 둘로 갈라지면서 복제가 이루어지는 것은 분명 기억 기술의 작동이다.

평소 우리 생명체들이 어디서 왔는지, 의식이 어떻게 생겨났는지, 과학의 설명을 기대하는 나는 에델만에 빠져든다. 천재의 생각을 따라가 보는 것은 즐겁다.

미시세계를 품고 거시세계를 사는 우리의 기억력에도 대칭은 필요하다. 박문호 교수에 의하면 대칭 구조는 축을 중심으로 반쪽만 보아도 전체를 정확히 알 수 있어 정보를 줄이지 않고도 쉽고 빠르게 기억할 수 있다.

오늘은 소서. 매년 장마로 축 처진 화단을 살리는 백합이었다. 올해는 5월에도, 6월에도 소식이 없다. 출근 전에 혼자 아쉬워 화단 앞을 서성인다. 지난겨울 두더지가 백합 알뿌리를 모두 먹어 버렸는지, 어성초에 맥을 못 추는지. 지금쯤 향기 그득할 것을, 묵직하게 퍼지던 백합 향기를 기억에서 찾는다. 잡초가 자라지 않게 하려고 심은 어성초의 번식력은 대단하다. 이것을 하려다 저것을 놓친다.

공동 현관 앞에 누가 내려온다. 이레나 씨다. 어르신 돌봄 차를 기다린다. 같은 아파트에서 십 년 넘게 살면서 우리에게는 많은 일이 있었다. 서로 의견이 맞기도 하고 다르기도 하였다. 둘 다 꽃을 좋아해 해마다 갓 핀 백합을 보고 양손을 마주하며, 손뼉을 치며 대견해 했다. 할머니는 지난 사건을 기억하지 못한다. 나를 기억하지도 않는다. 웃지도 울지도 않는 표정으로 말없이 휠체어에 앉았다. 기억이 사라지니 감각이 닫히고 실행하는 능력도 사라졌다. 개념과 의미를 잃어버린 그녀와 나는 이제 아무 관계도 아니게 되었다. 그래도 나는 할머니 오른 어깨에 내 왼쪽 어깨를 댄다. 잘 다녀오세요.

50
꽤 당돌했네요, 난설헌

카페에서 어린 여학생이 수학 과외를 받는다. 차집합이 나오는 것을 보니, 중학교 1학년 교과다. 왜 집에서 하지 않을까. 옆 테이블에 또래 남학생이 혼자 앉아 있다. 살짝 수상한 느낌이 든다. 한 시간여 수업을 마치고 선생은 자리를 떴다. 아니나 다를까 남학생이 여학생 테이블로 간다. 케이크가 나왔다. 어라, 여학생이 남학생의 입에 케이크를 넣어 준다. 1차 충격. 남학생은 태연스레 받아먹는다. 그러고는 쪽쪽, 쪽쪽.

어머, 저 아이가, 저 젖내 나는 아이가. 아니야, 안 돼. 엄마한테 알려줘야 해(누구 집 딸인지도 모르면서). 그래서 어쩌려고요? 나랑 같이 있던 후배가 코웃음 친다. 그래, 일러 줘서, 어떻게 할 건데! 어지럽다. 내가 지금 드라마를 본 것인가, 영화를 본 것인가.

　요즘 아이들은 가려서 보고 들을 보호막이 없다. 교실은 무질서하고 밖에서는 어른 흉내를 낸다. 부모들에겐 시험 성적만 중요하다. 아이들은 육체적으로 정신적으로 황폐하다. 학창 시절 지란지교(지초와 난초의 교제, 벗 사이의 맑고 고귀한 사귐)는 언감생심, 우정도 없고 친구는 심지어 경쟁 상대다.

　춘향이가 이 도령을 만났을 때가, 그 나이보다 어리잖아, 이 무슨 일인고. 잠시 전만 하더라도 망할 나라에 잘못 태어난 불쌍한 10대라 여겼는데, 지금은 되바라진 철부지. 뭔가에 홀린 듯하다. 걸려 넘어졌다. 자꾸만 나를 잡아당긴다. 나 꼰대 아니야.

　내가 예뻐하는 연애는 허난설헌의 시 한 편에 들었다.

秋淨長湖碧玉流(추정장호벽옥류)
맑고 큰 가을 호수에 옥 같은 푸른 물이 흐르네
荷花深處繫蘭舟(하화심처계란주)
연꽃이 가득한 깊은 곳에 난주 배를 매 두고
逢郎隔水投蓮子(봉랑격수투연자)
님을 만나 물 건너로 연밥을 던지니

遙被人知半日羞(요피인지반일수)
누가 보았을까 한나절이나 부끄러웠네

허균이 중국을 오갈 때 누이의 시를 들고 가곤 했는데 크게 인기였다. 스물일곱 난설헌은 죽을 때 자기 시를 모두 불에 태우고 남기지 말라고 했으나 허균이 정리하여 발표하였다. 좁은 땅 조선에 여자로 태어나 열다섯 어린 나이에 시집을 가고 어린 두 아이를 잃은 난설헌이다. 〈채련곡〉이라고 불리는 이 시는 표절이라고도 하지만, 나는 그녀의 솔직함과 당돌함에 푹 빠졌다. 나도 배시시 웃는다.

꽤 당돌했네요, 난설헌.

50
나는 네가 한 일을 알고 있다

수천억 개의 별이 중력으로 한데 묶여 있다. 우리가 사는 은하다. 1조 개나 되는 것 중 하나에 불과하다. 우주에는 별이 수십 해(垓) 개, 행성은 그것보다 1000배 더 많다. 그나마 우리가 볼 수 있는 부분이 그렇다. 초기 시공간은 빛보다 빠르게 급팽창했기 때문에 강력한 망원경으로도 볼 수 없을 만큼 멀리 뻗어 나갔다. 우주의 나머지 대부분은 시간과 공간의 커튼에 가려서 보이지 않는다.

1월 1일 대폭발이 시작되고, 늦은 여름, 태양을 둘러싼 기체와 먼지 원반으로부터 우리 작은 행성이 생성되기 시작한다. 8월 31일 태양이 빛을 밝히고 목성과 지구를 비롯한 행성들이 뭉쳐지기 시작한다. 그러니까 8월 31일 이전까지 우리와 관련된 것들은 존재하지 않는다.

지구는 첫 10억 년 동안 줄기차게 얻어맞았다. 새로 생긴 행성들끼리 충돌하면서 행성들 부스러기가 청소되고, 지구 바다 밑에서 생명이 탄생하였다. 지구를 때렸던 천체들이 생명에 필요한 재료를 정기적으로 배달해 주고 생명이 만들어지는 데 필요한 열을 제공했을 수 있다. 바로 9월 2일이다.

9월 21일, 바닷속 바위틈에서 생명이 시작되었다. 화산들이 솟아나 바다 위로 솟고 그 분출물로부터 땅덩어리가 생기기 시작하여 지구가 대대적으로 바뀌었다. 9월 30일 드디어 생명체가 출현한다.

12월 31일 저녁 7시경 우리 호모사피엔스는 가장 가까운 친척인 보노보와 침팬지와 진화의 길에서 갈라서면서 그날 늦저녁 돌연변이를 맞는다. 30억 개 발판으로 이루어진 사다리에서 딱 하나의 발판, 딱 하나의 유전자에서, 딱 하나의 염기쌍이 변한 덕분이다.

12월 31일 밤 11시 52분 즉, 지금으로부터 수십만 년 전, 아프리카 블롬보스 동굴은 호모사피엔스의 집이 되었다. 그리고 그날

자정 20초 전쯤 오늘날 튀르키예 콘야 지역 차탈회위크에서 사람들은 도시를 이루었다. 기원전 7100년경에서 기원전 5600년경 일이다. 시간이 흘렀다. 스페인 발렌시아 거미동굴 벽화에 사다리를 타고 벌집에서 꿀을 훔치려는 인간이 등장한다. 지금으로부터 약 8000년 전, 자정 겨우 12초 전의 일이다.

그리고 1985년 남편과 나도 서로의 마음을 훔쳤다. 사악한 도파민이 한 짓이다.

(추신) 1월 1일 빅뱅으로 시작된 이야기는 138.2억 년에 걸친 우주 시간을 지구의 1년으로 번역한 우주력이다. 12월 31일 자정이 지금이다. 이 척도에서 하루는 3789만 년, 1초는 438.2년, 한 달은 10억 년이 좀 넘는다. 인간의 평균 수명은 우주력에서 0.15초쯤에 지나지 않는다.

(註)
- 해 10의 20제곱 1해 100,000,000,000,000,000,000
- 경 10의 16제곱 1경 100,000,000,000,000
- 조 10의 12제곱 1조 1,000,000,000,000
- 억 10의 8제곱 1억 100,000,000
- 차탈회위크 신석기 시대 도시 유적지, 튀르키예 기원전 7100년쯤 기원전 5600년 무렵

'50
내가 왜 트러블 메이커야?

한의학에서 통증을 일으키는 기전 중 하나로 불통즉통(不通則痛 통하지 않으면 통증이 온다)을 든다. 혈(血)이나 기(氣)가 통하지 않으면 병이 생긴다. 아프거나 시리고 무겁다. 사지 마비가 오기도 한다.

통증은 고통으로 확대된다. 과거의 통증과 합해져서 괴로움을 낳는다. 웃음을 잃게 한다. 몸뿐 아니라 마음끼리도 통하지 않으면 답답하다. 참다가 병이 된다. 우리나라에서만 통하던 화병은 얼마 전 세계적으로 통용되는 상병에 올랐다.

나는 남편뿐 아니라 큰아들과도 100% 불통이다. 남편의 성품은 허술한 듯 예민하여 불안과 우울을 스스로 만들어 낸다. 아들의 정서적 눈금은 기형적으로 촘촘하다. 어떤 부분은 눈금이 아예 없다고 생각했다. 아니다. 아들은 감성과 이성 모두 과잉으로 타고난 것이다. 거기에 끌려다니느라 아들은 힘들고 외로웠다. 나와 아들과의 불협화음으로 조마조마 살 수 없는 남편에게 나는 트러블 메이커다.

역에서 머슈를 만난 앤은 마차를 타고 에이번리 그린 게이블스로 향한다. 나이가 들어 과수원 일이 힘겨워진 오라버니 머슈를 위해 고아원에 사내아이를 부탁한 메릴러가 말라깽이 주근깨 여자아이를 맞으면서 시작되는 소설. 몽상에 젖어 주저리주저리 지껄이는 앤의 첫 대사를 따라 읊을 정도로 어릴 적 나는 『빨간 머리 앤』을 빠져 읽었다. 어른이 되어서도 앤은 나의 여인. 앤에게 왜 끌렸는지 알게 된 것은 오래되지 않다.

내 어린 시절 엄마와 주변 어른들은 딸이 아닌 사내아이를 강력히 원한 메릴러들이다. 무의식 속의 나는 앤처럼 원치 않은 아이, unwanted였다. 맏딸인 나를 발등에 세우고 걸음마 댄스를 하던 아버지는 사내아이가 아니어도 앤을 마차에 태운 머슈다. 어린 시절 나는 앤을 응원하면서 스스로 치유한 것이다. 성인이 되어서도 빨간 머리 앤의 고장, 캐나다 프린스 에드워드 섬 에이번리에 꼭 가보고 싶었다. 남편을 만났고 마음속에 그려놓은 남자와 결혼했다. 남편이 그 남자일 리 만무한데 말이다.

목에서 맺다
살에서 터지다
뼈에서 우려낸 말
중에서도 재가 남은 말소리로 울고 간다
(중략)
내 뼈 속의 언어로 너는 울고 간다
「산 까마귀 울음소리」 김현승

'50

Sad Movies Make Me Cry

그녀가 언니라고 부르고 따르니 나도 언니처럼 처신하고 말았다. 거리를 두려 했는데 그녀의 인력이 너무 컸다. 몇 달 전 그녀가 전화로 부탁을 해 왔다. 내키지 않아, 라고 답하고 말았다. 그것도 문자로. 며칠이 지나서 커피 한 잔 마시자는 그녀와 만났다. 내 말투가 칼로 무 자르듯 해서 눈물이 났다고 한다. 나는 이렇게 말하거나 저렇게 말한다고 내용이 달라지나, 라고 생각하는 사람이다. 완곡하게 표현할 줄 모르는 나 자신이 나도 못마땅하지만 말이다.

나의 에고는 내가 외치는 멋진 개성 안에서 죄를 짓는지도 모른다. 선명한 것을 좋아하는 나는 착하게 재산을 모으고, 유식한 사람이 되고, 다른 사람들보다 우월해지고자 한다. 쉽게 판단한다. 누구는 분명하지 못한 사람으로, 누구는 사악한 사람으로. 누구는 게으르다고, 누구는 무지하다고. 이렇게 저렇게 나와 다른 이들을 늘 평가 한다. 사람이나 상황을 통제하고 장악하려고 한다. 머릿속 내 계획대로 되지 않으면 신경질이 나고 두통이 온다.

돌이켜보면 내게는 사람과의 관계가 크게 중요하지 않다. 상대의 힘에 휘둘려 생긴 저항값이 커지면 오래 알고 지낸 시간도 의미를 잃는다. 사람을 만나면 처음에는 호의를 베풀기 바쁘다. 막상 관계가 시작되면 내 통제권 밖에 나를 세우게 될까 봐 불안하다. 무엇이나 내 의지대로 되어야 하는 성향 때문일 터. 시간 낭비라는 생각과 성가시다는 피로감이 들어 끝내 거리를 두거나 관계를 끊을 준비를 한다.

그녀를 만난 후, 그녀가 토로한 섭섭함을 소화하지 못해 나는 더욱 절절맨다. 나의 선명함은 날카로움이다. 부드러움을 몰라서 자신마저 찌른다. 1960년대 팝송 '새드 무비' 속 여성은 (바쁘다던 애인이 내 친구와 함께 영화관에 들어왔다는 사실은 차마 밝힐 수 없어) 거짓말을 하지 않으려고 영화가 슬펐다고 말한다.

'50
인간, 존재 자체로 명품

　세상에는 명품이 널렸다. 옷도, 가방도, 화가의 그림도, 기계도 장비도, 건축물도. 명품은 인간의 미적 감성과 지적 호기심의 산물이겠다. 내 기준에 명품은 실용과 가치이다. 단순해야 좋다. 사용법이나 디자인도 내 성향이나 취향에 맞추었을 때 시선이 간다. 내 손에서 잘 놀아야 하고 피로감이 없어야 한다. 마지막으로 비싸야 한다. 아니, 제값이라고 생각한다. 엄마는 비싸면 무조건 좋은 줄 안다고 딸과 남편은 빈정대지만, 분명 내 눈에 들었고 가격을 보니 비싼 것일 뿐. 비싸서 더 좋아 보이는 것도 사실이다. 거기에 지름신이 강림하면 하나에 수십만 원하는 그릇에 지갑이 활짝 열린다.

　젊은 시절 집 꾸미기에 한창일 때, 작은 붓으로 손수 그림을 그리고 색을 입힌 야드로 인형(스페인산 도자기 인형)을 좋아해 많이 사 모았다. 반 무릎을 꿇고 기도하는 성모상의 단정함과 펌프질하는 소녀의 상쾌함, 비둘기를 안은 아프리카 여인의 우아한 앉음새, 발레리나의 갖가지 동작을 화려하고 깔끔하게 표현한 맛에 그저 반하고 만다. 여러 마리 말이 끄는 화려한 마차는 그중에서도 특히 가격이 만만치 않았다.

다음에 다시 살 요량을 하지 않는 나는 물건 하나를 마련하려다 몇 년을 넘기기도 한다. 책상이나 식탁 같은 가구가 그렇다. 내가 원하는 스타일의 가구를 만나기 위해 새집에선 2년이나 가구 없이 살았다. 제작에 들어가기 전에 수차례 의견을 나누고 스케치한 대로 작품이 나올지 기대 반 염려 반, 기다렸다.

무언가를 만들고 가동하기 위해서는 많은 에너지가 필요하다. 기술이 뛰어날수록 더 많은 에너지를 쓴다. 곧 다가올 AI 시대를 구현하는 데에는 에너지 소모가 지금의 10배 이상일 것이라고 한다. 우리 몸은 세포호흡을 통해 그저 숨만 쉬어도 에너지를 얻는다. 20그램이 채 되지 않는 소량의 ATP(Adenosine triphosphate: 생명체를 가동하는 화학에너지)로 완전연소하지 않고 끊임없이 에너지를 공급할 수 있기 때문이다. 에너지 효율에서 우리 생명체는 탁월하다. 인간의 기술이라면 매일 40킬로그램이라는 어마어마한 양의 ATP를 만들어야 하니 말이다.

　인간은 생명이라는 아름답고 정교한 장치를 품었다. 태양과 우주가 먹이고 입히고 살린다. 세포가 세포를 낳고 또 세포를 낳는 과정을 되풀이하면서 지구상 70억 인구 중 누구 하나 똑같지 않은 신비마저 이어지니 인간은 존재 자체로 명품이다. 인류가 약 25,000세대를 거치는 동안 같은 사람은 한 명도 없었다. 홀로여서 더욱 귀하다.

50
죽음은 고유한 삶이다

보이지도 않는 티끌만 한 점이 10의 14제곱의 1초 만에 10의 22제곱만큼 커졌다. 계속 팽창하지만 무한하게 커지지는 않는다. 138억 살 우리 우주는 어느 순간 팽창을 멈추고 수축하기 시작하여 다시 한 점으로 돌아간다. 우주 안에서 태어나는 모든 것에 죽음이 있으니, 별도 예외가 아니다. 별은 폭발할 때 탄소, 산소, 규소, 철과 같은 원소들을 주고 간다. 일생 동안 만들어 둔 것으로 우리 생명체와 물질의 원료가 된다.

여름 내내 빨갛게 피고 지던 서양 채송화도 초록을 거둔다. 자고 나면 새봄이 오고 다시 초록은 태어날 것이다. 삼라만상이 낳고(生) 성장하고(長) 이루고(化) 거두어서(收) 저장(藏)하는 과정을 반복한다. 아인슈타인에 의하면 물질이 에너지이고 에너지가 시공간 곡률이다. 사건은 시공간을 구성하는 기본 요소인 것이다.

잡초 생태학을 전공한 일본의 식물학자 이나가키 히데히로는 자신의 수필 『생명 곁에 앉아 있는 죽음』에서 바다, 강, 육지, 하늘에 서식하는 고달픈 목숨붙이들의 마지막을 29개 꼭지로 그려냈다. 이나가키에 따르면 생물에게 죽음이 찾아온 시기는 10억 년 전쯤으로 그 이전 오랫동안 죽음은 없었다. 생물은 수컷과 암컷이라는 짜임새를 만듦과 동시에 스스로 죽음이라는 시스템을 고안하였다. 다시 말해 죽음은 38억 년에 걸친 생명체의 역사 속에서 생물 자신이 만들어 낸 발명품이라는 것이다.

자기가 낳은 알을 지키다 죽는 어미, 짝짓기를 마치자마자 죽는 수컷, 그들은 자신의 몸을 새끼들의 먹이로 내준다. 이렇게 죽음은 생명을 영속시키는 하나의 방식이며, 생명은 죽음이라는 시스템을 통해 스스로 존재한다. 파도 위를 날뛰는 포말처럼, 일어났다가 찰나를 머무르고 다시 떨어지는 파도처럼.

다음 세대에 생명을 이어주는 것이 죽음이라면 나는 이제 생명체로서의 분주함도 의미도 잃었다. 내게 어떤 종류의 죽음이 기다릴지, 에 대한 두려움만 남았다. 자식에 대한 내리사랑은 내 뒤를 정리해 줄 것에 대한 기대와 등가가 아닐까. 쓸쓸하지만 때로 웃게 해주고 바삐 집에 돌아갈 이유를 주는 아이들은 선물이다. 차분히 숨죽이는 것이 의미 있을 뿐이다.

  아침 성당 문을 나서는데 카톡 알림이 떴다. 엄마는 다른 데서 받은 기도문을 아침마다 딸에게 보낸다. 문득 어느 날 전화기에서 알림이 뜨지 않는다면……. 잠시 산란한 가운데 몸은 어느새 횡단보도를 건넌다. 나는 끌리듯 일상으로 뛰어든다. 아침에 피었다가 푸르렀다가 저녁에 시들어 버릴지라도.

50
우리는 시내에 간다

 천장 끝까지 올라간 책꽂이가 사방으로 둘러선 〈대구서적〉 한쪽 귀퉁이에 선 채로 『하노버 스트리트』를 읽었다. 영화로도 만들어진 소설, 약간은 통속적인. 시내에 들를 때마다 조금씩 나눠 한 권을 끝내곤 했다. 내 나름대로 소장 가치가 없다고 느낀 책들이다. 시내 서점은 나처럼 공짜로 책을 읽으려는 사람들로 항상 북적였다. 약속이 있거나 누구를 기다리는 사람들도 추위나 더위를 피하고 커피값도 아낄 수 있으니 이보다 좋을 수 없었다. 〈대구서적〉 남쪽 〈제일서적〉 자리에는 스타벅스가 들어섰다. 지금도 여전히 사람들을 기다리고 모으는 기능을 가졌다.

 초등학교 6학년 한 시간 걸어서 처음 시내를 갔다. 대구 사람들은 극장과 백화점이 모여 있는 동성로를 시내라고 부른다. 시내로 가는 중간에 큰집이 있어 마음속 거리는 그다지 멀지 않았다. 때론 버스를 탔는데 차비가 50원쯤, 명덕로터리, 남문시장을 지나 반월당에 다다르기만 하면 사람들로 바글바글한 시내다. 대구백화점에 가서 편지지와 봉투를 샀다. 쓰지도 않으면서 예쁜 것들에 혹해서, 또 모으는 재미로. 또 고등학교 1학년 때는 새 친구들과 예쁜 브로치에 꽂혀 동아백화점과 코리아백화점에 거의 매주 나갔다.

대학 시절에는 동성로에서 중앙파출소, 반월당에 이르는 길을 거의 매일 누비고 다녔다. 중앙파출소 골목길 끝자락 12층 건물 꼭대기 당구장은 남학생들의 아지트였다. 그곳 칠판엔 과제나 재시자 명단이 오를 정도였다. 큰길에서 꺾어 내려가면 지금의 신한은행 자리쯤에 오방떡 가게가 있었다. 빵과 풀빵의 중간이랄까. 그래도 붕어빵보다는 훨씬 고급이었다. 스쿨버스가 서는 곳이 마침 오방떡 가게 앞이다. 오후 늦은 시각에 우리는 자석처럼 붙는다. 겨울에는 호빵으로 메뉴를 바꾼다. 팥 하나, 야채 하나.

토요일 수업을 마치면 배가 더 고프다. 우리는 〈미진김밥〉으로 간다. 두 사람에 우동 두 그릇 김밥 한 줄, 공식이다. 쇼핑을 나선다. 아이쇼핑이지. 아니, 윈도쇼핑. 동아백화점 앞 좁은 골목 작은 네모진 구두 가게를 몇 바퀴씩 돈다. 이것도 신어보고 저것도 신어보고, 사장님은 우리들 뒤에서 구둣주걱을 턱 쪽에 대고 계신다. 빨간 구두, 검정 구두, 보기만 해도 행복했다.

대구백화점 정문과 남문에서 수없이 누군가를 기다렸다. 시계를 쳐다보고 목을 빼서 기웃기웃하다가 알아보고는 손을 흔들어 표시했는데, 누구였을까. 팔짱을 끼고 백화점 문을 열고 곧장 에스컬레이터 타고 식품부로 내려갔다. 위층으로 올라가서 장갑을 사고 스타킹도 사고 손수건도 샀는데, 누구와 같이 있었을까.

날이 좋다. 따사하면서도 시원한 공기의 색깔에 가을이라고 이름 쓰였다. 마침 오늘 시내에서 모임이 있다. 지금 나가 해가 있을 때 동성로를 걸어보자. 흩어지고 쪼개진 내 기억을 모아봐야지. 오늘, 나는 시내로 나간다.

50
스마트폰 기술에 환호하며

어버이날 밖에서 저녁을 먹는데 아빠 얼굴 왜 그래? 라고 딸이 묻는다. 한집에 살아도 얼굴 보기 어려운 세상을 산다. 다음날 남편이 아빠 얼굴 많이 나왔지, 라고 가족 단체 대화방에 사진을 보낸다. 공간을 초월하는 방이다. 대화방에서는 낯선 사람과도 한 방을 쓴다. 수다를 떨고 회의를 한다.

걷거나 대중교통을 이용하는 나는 초행길에 스마트폰을 켜서 길 찾기 도움을 받는다. 버스가 정류장에 언제 도착할지 어디쯤 오는지도 알 수 있다. 요즘처럼 비가 잦은 날 몇 번의 터치로 일기를 확인할 수 있다. 스마트폰에는 지갑도 들었고 은행도 들었다. 비밀병기 수준이다. 게임하랴, 검색하랴, 신기방기한 스마트폰을 손에서 놓을 수 없다. 그뿐 아니다. 스마트폰은 우리에게 새로운 기회를 만들어 준다. 브런치 스토리 같은 곳에서 이제까지보다 더 왕성하게 글쓰기를 할 수 있다.

우리는 새로운 기술에 환호하는 세대다. 스마트폰이 나오고 우리는 하루에도 몇 번씩 무심히 사진을 찍는다. 스마트폰 카메라로 초점 맞추기, 지우개 등 다양한 기능을 활용하면 누구라도 전문가 수준의 입체적이고 깔끔한 사진을 얻을 수 있다. 찍는 즉시 확인하고 편집하고 전송할 수 있어 소통에도 최고다. 예전에는 큰 기념일에나 사진을 찍었다. 어릴 적 입학식이나 졸업식이면 학교 운동장에 돈을 받고 사진을 찍어 주는 사람들이 어김없이 등장했다.

소풍이나 수학여행을 가면 카메라를 가져온 친구가 반 아이들 사진을 찍어 주었다. 그때의 카메라는 필름을 사용했다. 사람이 많거나 멀리 가게 되면 24장이나 36장짜리 필름을 여러 통 챙겼다. 요즘으로 치면 여분의 배터리다. 여행을 다녀오면 설레는 마음으로 사진관에 필름을 맡겼다. 그러고는 인원수대로 사진을 뽑았다. 때론 필름이 타거나 먹통이 되어 소중한 추억이 날아가 버리기도 하였다.

며칠 전 나는 신세계를 맞았다. 팩스가 말썽이어서 새로 사야

할 형편이었는데, 스마트폰에 앱을 깔았더니 기계 없이도 문서를 받고, 프린터로 연결해서 출력까지 가능해졌다. 기계 대신 새로운 기술 하나를 얻었다. 고대 그리스인이 예술, 솜씨, 기교, 심지어 영리함까지 포함하는 의미로 썼던 단어 테크네(techne). 어떤 상황에서는 허를 찌르는 능력을 가리키기도 했단다. 나도 허를 찔렸다.

50
결혼, 온유한 멍에

"결혼의 첫날밤
그러나 애도의 첫날밤인가?"

숨이 멎는다. 롤랑 바르트의 『애도일기』 첫 페이지. 저자는 이 결혼의 당사자가 아니다, 롤랑의 어머니는 결혼 3년 만에 남편을 잃었다. 어머니가 세상을 떠날 때까지 곁을 지킨 롤랑이 2년여 걸쳐 쓴 슬픔과 외로움의 애도 일기다.

결혼, 삶의 한 턱이다. 가르기도 하고 잇기도 하는. 결혼을 통해 공간은 작아지면서 커진다. 가족이 생긴다. 얼굴도 생각의 틀도 공간의 분위기에서 나온다. 떨어져 나가도 그 분위기를 숨기지 못할 것이다. 드러나고 만다.

가족은 집이다. 견고함이 요구되지만 조금은 엉성해야 한다는 사실을 이제는 안다. 조금 휘었어도 굳이 곧게 깎아내지 않고 나무의 생긴 모습 그대로를 살리거나 잡철을 사용하는 한옥처럼. 낮은 담장과 어설픈 대문은 경계 짓지만, 고립이나 단절은 아니다. 지붕에 달린 처마는 빛을 받고 그늘을 만든다.

나는 외롭고 쓸쓸하고 높아진다. 30년 세월은 손에 잡힐 듯 가깝다. 많은 사건이 가슴에 박혔다. 고통의 길을 가지 않고는 사랑의 집으로 들어갈 수 없다고 했던가. 결혼은 온유한 멍에여야 한다.

마태오 복음 11장 29절. "나는 마음이 온유하고 겸손하니 내 멍에를 메고 나에게 배워라."

50
미추(美醜)에 구분이 있을까?

미용실에서만큼 전(before)과 후(after)의 구별이 확연히 일어나는 곳도 없겠지만, 나는 변신도 귀찮은지라 미용실 의자에 앉은 것만큼 시간이 아깝고 지겨울 수가 없다. 언제부터인가 파마를 하지 않고 커트만 하는데, 근래 흰머리가 보기 흉할 정도로 늘었다. 무슨 방도를 취할 수밖에 없다. 머리카락에 손상이 없고 자연스러운 느낌이 나는 코팅을 권유받았다. 두 시간 동안이나 앉아 있으니, 잠이 들었다는 사실을 일어나서야 알게 된다. 어차피 시간을 내는 거, 다음엔 퍼머를 할까 보다.

머리카락은 가늘어도 잘 끊어지지 않고 탄력이 있어 구부렸다가 펴도 곧바로 원래대로 돌아간다. 시스테인이라는 아미노산 속 황 원자가 둘씩 단단히 결합 되어 있기 때문이다. 파마는 머리카락에 약을 발라 황 원자끼리의 결합을 끊어 분리하고 막대기 같은 롯트에 감아 원하는 모양을 만들어 주는 미용 기술이다. 이때 황 원자가 다른 황 원자와 결합해 위치가 바뀐 채 고정되므로 머리카락이 구불구불해진다. 문자 그대로는 아니어도 머리카락을 자르기 전까지 꽤 오래 웨이브가 유지 된다.

이 원리를 알았는지 몰라도 고대 이집트 여성들도 머리카락에 진흙을 발라 막대기로 감고 햇빛에 말려 웨이브를 만들었다. 우리나라에서는 1933년 오엽주 선생이 일본에서 기술을 배워 서울 종로 화신백화점에 처음으로 미용실 문을 열었다. 당시 가격이 쌀 두 가마니, 금가락지 하나 정도로 비쌌음에도 여인들은 파마하려고 줄을 서서 기다렸다.

지난 일요일 신우회원들과 소록도 순례를 다녀왔다. 소록도는 일제 식민시대는 말할 것도 없이, 최근까지 일반인과 한센인을 구별하여 배 선착장을 내고, 성당도 따로 쓰고, 이용하는 길마저 달랐다. 1980년대 교황의 소록도 방문을 앞두고 전 세계에 보도될 정도로 선과 악이 공존하는 섬이었다.

섬이라 하여 배를 탈 줄 알았더니, 소록대교 하나 건너 섬에 도착했다. 소록도 제2 성당에서 다니엘 씨의 반주와 지도 사제의

주례로 미사를 보았다. 1급 시각 장애 한센인 다니엘 씨는 미사곡을 외워서 연주해야 하므로 매일 다섯 시간씩 공을 들인다. 일그러진 얼굴과 검은 안경 속에서 그의 눈은 뜰 필요가 없다. 부인의 손가락은 모두 떨어져 나가 머리카락 하나 쓰다듬을 수 없고 수저질은 보기에 추하다. 미사를 마치자 뽀글뽀글 파마머리 아내는 남편을 전동차를 태우고 성당을 나선다. 차별의 섬 소록도에서 다니엘 씨 부부의 추함은 선을 이루었다.

'50
플레이 스톱, 플레이 스톱

　초등학교 1학년 아들을 새벽에 깨운다. 등교 전 영어 듣기 공부를 위해서다. 내가 한 문장씩 끊어 테이프를 멈추면 아들은 정확하게 듣고 따라 해야 했다. 조금이라도 틀리면 제대로 될 때까지 플레이 스톱, 플레이 스톱. 동네 유치원을 두고 아침마다 수 킬로미터 차로 실어 나르는 극성을 부렸다. 공기 좋은 곳에 살겠다며 팔공산 쪽으로 이사를 하고는 정작 잠자는 시간 외 하루 대부분을 수성구에서 보냈다.

　큰아들이 다니는 영어 학원에 성인 회화반이 있어 나도 끼었다. 치과의사 둘과 법대 강의를 나가는 교수, 이렇게 셋이 수업하던 중 내가 들어가자 면학 분위기가 한층 달아올랐다. 종종 식사도 하고 유대를 맺다가 아이들을 위한 작은 음악회를 열었다. 아이들끼리 같은 학원에 다니고, 엄마 친구 아들이고, 엄마들끼리도 한 동네에 사는, 등등의 이유로 자주 만나던 터라 자연스럽게 이루어졌다. 청도로 낙향한 노부부가 공간을 마련해 주었다. 여름 초입 저녁 초대 손님들과 만장하게 이루어졌다. 분홍색 카디건에 흰 치마를 입은 여자아이가 개회의 글을 낭독했다. 만 네 살이 안 된 내 딸이다. 앞니 빠진 새까만 못난이가 엄마 백으로 언니 오빠들을 제쳤다. 한 어머니의 시 낭송도 있어 꽤 모양새가 났다.

 같이 공부하는 교수의 남편이 주관하는 가을 밤길 걷기 행사가 월드컵 경기장 일대에서 해마다 열렸다. 경기장 주변 포도밭 옆으로 난 길을 아이 어른 모두 웃고 떠들며 신나게 걸었다. 지금은 메디시티가 들어서 분위기가 달라졌다. 그 시절 아이들을 앞세우고 찍은 사진 속에 내 허영심이 번쩍인다.

 수업은 재미있었다. 예습도 하고 복습도 빼먹지 않았는데 영어로 말하기는 쉽지 않고 늘지도 않았다. 숙제를 안 해오는 다른 사람과 차이가 없자 약이 올랐다. 몰래 어학원에 갔다. 고급반에 가기에는 부담스러워 초급반에 갔는데, 유치했다. 한 달 후 그만두었다. 영어를 원어민처럼 하려면 생각도 영어로 하라고 했거늘 교재 몇 쪽 보고 한 시간 블라블라 하다 오니, 유창해질 리 없었다. 바쁜 사람들이고 놀기 삼아 모인 곳에서 영어를 모국어처럼 쓰고 싶은 내 바람은 몇 년 만에 바람처럼 날아가 버렸다.

20년이 훌쩍 지났다. 나는 늘 지금을 부정하였다. 돋보이고자 하고 앞서고만 싶었다. 자기 계발은 '지금, 여기'를 부정하는 마음을 잡는 데서부터 시작된다.

'50
인생의 해답이라도

고등학교 1학년 어느 일요일 아침, 바다 보러 갈 결심을 했다. 무슨 바람으로, 인생의 해답이라도 얻을 요량이었나.

흰 셔츠에 파란색 넥타이, 아래위로 파란색 교복을 입었다. 당시 내 기준으로 학생의 외출복은 교복이다. 영덕까지 가는 무정차 버스를 탔다. 다시 병곡행 완행버스로 갈아타고 영4동 작은 마을 간이 정류소에서 내린다. 버스가 온 길을 거꾸로 조금 올라가면 외할머니 집으로 가는 신작로가 나온다.

어릴 적 여름 방학이면 식구들이 모두 외갓집에 가서 몇 주씩 머물곤 했다. 아침밥만 먹으면 엄마, 아버지, 동생들과 우끼(튜브의 경상도 사투리)를 들고 할머니 집 앞바다 고래불로 해수욕을 나섰다. 5분이나 걸릴까, 맨발로 나가면 발밑이 좀 간지럽기도 했다. 백사장으로 가는 길 오른편 들판은 벼가 익어가는 초록이다. 왼편에는 회색 벽돌로 담을 쌓은 집들이 몇 채 섰다. 민물이 바닷물과 넓게 만나더니 곧바로 반짝이는 모래 너머로 동해 바다가 푸르고 씩씩하다.

해수욕하다가 나와 천도복숭아 하나 깎아 먹고 또 들어간다. 수영을 잘하는 아버지는 멀리까지 가서 누워계신다. 책이라도 볼 수 있을 정도다. 그 시절 고래불 바다는 군인이 경계 근무를 섰다. 동네 아이들과 우리는 군인 아저씨들이 주는 건빵을 얻어먹고 배가 고프면 집으로 온다. 낮잠 한숨 자고 다시 바다로 나간다. 빛이 아침과 다르다. 서늘한 그림자가 바다에 드리우니 사람들이 바다 가운데 드문드문 섰다. 발가락으로 가만히 모래를 헤집어 백합 조개를 캐는 것이다. 이모도 연신 조개를 주워 올린다. 금방 한 소쿠리가 된다. 마당에서 바로 데쳐 초장에 찍어 먹었다. 할머니는 대문 밖에 나가 깻잎을 딴다. 나도 따라 나가 때마침 멀찍이 지나가는 버스를 올려본다. 오래 묵힌 맑은 간장으로 만든 생 깻잎 김치는 달고 맛있었다.

바다를 보고 어떤 감흥이었는지 가슴에 무엇이 남았는지 기억나지 않는다. 오직 사진처럼 남은 장면 하나. 얇은 스타킹에 맨살이나 다름없는 내 다리, 내 정강이를 버스 발판의 쇳덩이가 강타했다. 발을 헛디딘 것이다. 마음은 아직 영덕 바다 쪽을 보고 있었을까. 욕구를 드러내 표현하지 않는 내가 부모님이나 동생들에게 바다가 보고 싶다고 말하지 않았을 터, 집으로 돌아갈 즈음이 되자 나 자신에게 설명이 필요했을지 모른다.

도착하니 캄캄한 밤, 정강이뼈 얇은 살이 폭 패였다. 옆방에 사는 언니가 약을 발라주었다. 살짝 긁힌 얕은 상처에나 맞는 투명한 젤리 같은 약은 이내 살 위에서 굳어 버렸다. 며칠 지나니, 마치 비닐이 눌어붙은 모양이 되었다. 간호사가 알코올로 한참 불려서 떼 내고 새살이 나는 연고를 발라 주었다. 제법 큰 흉터가 되었다. 검게 변한 살이 제 색을 찾기까지 수년의 시간이 걸렸다.

누런 길고양이 한 마리가 맥없이 섰다. 고개를 이쪽으로 한번 저쪽으로 한번. 잠시 후에 보니, 앉았다. 길 가장자리도 아니고 차바퀴 아래도 아니다. 어중간한 곳이거나 말거나다. 나도 그렇다. 나를 어디에 둘지 모르겠다.

'50
커피는 코펠 커피지

추, 추억이 될 때 알게 돼.
　행복이었음을.
석, 석양이 질 즈음에 느껴.
　그 무엇보다 밝은 나날이었다는 것을

큰아들은 토플과 GRE 점수 올리기에 강박적이다. 자기를 증명해야 한다. 추석날 오후 정처 없이 서울을 간다고 하더니, 다음 날 토플 시험에서 이전의 고점을 탈환해 기분이 좋다고 대구로 내려오는 기차에서 '추석'으로 2행시를 지어 보냈다. 직장 생활을 하는 사람이 시험 치기에 연휴가 적기인데 대구에는 시험이 없고, 추석 다음 날 서울에서 시험이 있던 것이다. 추억이라는 글귀에 나도 마음이 동하였다.

추, 추억이었지, 행복한
석, 석양만큼 아름다운

대학 1학년, 처음이자 마지막으로 MT를 갔다. 산이었는지 들이었는지, 텐트를 쳤는지, 아무것도 기억나지 않는다. 라면 건더기 한 개 동동 뜬, 작고 얇은 종이컵 커피만 떠오른다. 그때도 최고 야식은 라면이었고, 놈들은 식후 불연초면, 식후 불커피면, 하면서 밥을 먹은 후엔 거의 담배를 피우고 커피를 한 잔씩 때렸다. 선배들은 국물마저 깨끗이 해치운 코펠에 커피를 끓였다.

나는 냄새나 세제 찌꺼기, 손때에 강박적으로 혐오 반응을 한다. 조금만 역한 냄새가 나도 먹지 못한다. 설거지가 제대로 안 된 그릇이나 때 묻은 쟁반에 고개를 돌리고 만다. 그런데 그날 커피는 고소하고 달콤하였다. 내 인생의 몇 안 되는 행복한 페이지 안에 라면 기름이 동동 뜬 새까만 밤 커피가 들었다.

우리 식구들은 강박을 하나씩 달았다. 막내아들은 지나치게 손을 자주 씻는다. 심지어 문을 여닫을 때 팔꿈치나 손등을 사용한다. 지난겨울에는 손 등이 터서 거무스름해졌다. 남편 또한 만만치 않다. 퇴근 시간 남편의 문단속은 의식을 치르는 듯하다. 모두

다 내보내고 혼자서 방마다 세 번 네 번씩 돌면서 끄고 켜고 열어보고 또 당겨 본다. 날이 덥거나 춥거나 아랑곳없이 5분씩 사람을 주차장에 세워둔다. 나는 맨날 쿵쿵거리고, 아들은 손이 트도록 씻고, 남편은 몇 바퀴씩 뺑뺑이 돌고.

 산행 때면 커피는 라면 코펠 맛이야, 라며 종종 시도한다. 그때 맛은 나지 않지만 그래도! 커피는 역시 코펠 커피지.

50
I'm on diet

날씬하고 예쁜 여자에게 눈길이 한 번 더 간다. 어린 아기들도 사진에서 예쁜 여자를 손가락으로 가리키며 방긋 웃는다. 뚱뚱하고 험상궂은 얼굴을 마주하면 고개를 돌려 버린다. 우리 두 아들의 이상형도 순정 만화 여주인공 같은 뽀얗고 예쁜 얼굴에 날씬한 여자다. 나 역시 배 나온 사람은 싫다. 잘 생기고 훤칠한 남자에게 한층 너그럽다. 근거도 없이 신뢰하거나 호의를 가질 정도다.

살이 훤히 비치고 몸매가 그대로 드러나는 운동복을 입은 여자는 뒷사람 눈을 아랑곳하지 않는다. 복근을 자랑하고픈 남자가 상체 탈의하고 해변을 어슬렁거리는 거나 매한가지겠지. 몸매에 자신 있어 당당한 사람은 헬스장과 해변으로 가는 것이 즐거울 거다. 나는 해변에서 비키니로 나설 욕심 따윈 부리지 않는다. 옷이라도 조금 맵시 있게 입어보려는 바램으로 평생을 외쳤다. 아임 온 다이어트!

입맛이 조금 당긴다 싶으면 식사량을 줄인다. 몸이 조금 불었다 싶으면 여지없이 체중계에 올라선다. 체구가 작은 내게는 100그램, 200그램도 크다며 배와 옆구리 살을 움켜쥐고 엉엉거린다. 한때는 목표치를 정해놓고 매일 노트에 기록하기도 했다. 베이커리 가게를 지날 때마다 외침이 일어난다. 안 돼, 그냥 가.

남편과의 대화에서는 달콤함도 기름기도 없다. 건조하고 퍽퍽하기만 하다. 스톱 온 다이어트. 여기서는 양적으로 질적으로 넉넉함이 필요하다.

다이어트를 해야 할 곳은 따로 있다. 많은 옷이 옷장에서 계절을 넘긴다. 계절이 바뀔 때마다 입을 옷이 없다고 투덜대지만, 추위와 더위를 가려줄 정도로 충분하다고 여기면 정반대다. 그뿐 아니다. 냉동고를 털면 족히 한 달을 살 수 있다. 몇 달을 꼼짝 않고 독서대에 누운 책은 허영심으로 산 것일 거다. 어디 이뿐이랴. 주방 속에 넘쳐나는 그릇. 무형문화재가 만들었다고 혹해서 산 유기그릇을 십 년 넘게 처박아 두었다가 이제는 반드시 쓸 거라고 반짝반짝 닦아 눈에 잘 보이게 해 놓고서는, 며칠 전 또 그릇을 샀다. 집에 와서 보니 면기도 머그잔도 없는 것은 아니다. 환불하기 미안하여 찻주전자로 바꾸었다. 돈만 더 쓰고, 말끔한 싱크대는 다시 멀어졌다.

 간결하게 살리라, 단순하게 하리라. 그러나 분주하다. 생각도 많다. 생각이 많을뿐더러 다 드러낸다. 의견을 접어두지 못한다. 조절되지 않는다. 나도 모르게 터진다. 몸이 아니라 생활에, 삶에 다이어트가 필요하다.

 아침 출근길, 비가 촉촉이 젖은 인도에 노랗고 빨간 단풍잎이 달라붙었다. 마치 울긋불긋 칠을 한 도화지 같다. 올려다보니 빼곡하던 단풍잎 떨어지고, 사이사이 흐린 하늘도 예쁘다.

'50
밥

삶의 내리막길에서 넘어진 제부가 일어나지 못하고 세상을 떴다. 1년 5개월 식물처럼 누워 말 한마디 눈 한번 깜빡이지 못하더니 일주일 전 떨어지기 싫은 아이처럼 보챘다. 눈을 맞추기도 하고 열이 오르고 혈압이 오르락내리락. 걱정하지 말고 가라, 동생의 귓속말에 끅 끅, 막혔던 그의 눈물샘마저 터졌다. 눈물이 밖으로 넘쳤다. 그리고 어젯밤 마지막 밥 한 그릇 먹고, 아침 9시에 갔다.

비록 코로 연결된 관을 통해 들어오는 묽은 죽이지만, 그 죽이 아니었으면 벌써 갔을 것이다. 밥을 거두니 숨(:)을 거둔다.

밥 한 그릇 잘 먹고 갔으니 됐다. 산 사람들끼리 둘러앉아 밥을 먹는다. 슬퍼도 눈물 흘리며 밥을 먹는다. 산 사람 살리고 죽은 사람 보내려고 밥을 먹는다. 우는 것도 밥심이다. 부활하신 예수님도 제자들에게 나타나 먹을 것이 좀 있느냐, 하시고는 제자들이 내놓은 구운 물고기 한 마리를 드셨다.

　밀려오는 파도가 장엄하고 거대해도 부서진다. 하늘 높이 솟아올라도 바닷속으로 떨어진다. 기세등등하고 화려하고 높은 인생이나 나약하고 보잘것없고 비천한 인생이나 모두 밥 한 그릇 안에서다. 밥이 사람이다. 밥 먹는 것이 인생이다.

　매끼 마다 밥상을 차려 올린다. 이제 마지막 아침 밥상이다. 밥도 한술 떠 주고, 젓가락 두드려 반찬에 놓아준다. 많이 들라고.

50
고독은 깊음이다

　네 남자가 무대에 섰다. 외로우니까 사람이다, 로 너무나 잘 알려진 시인 정호승, 그가 작사하고 가수 이동원이 노래한 〈이별노래〉로 콘서트가 시작되었다. 두 번째는 갑작스러운 사고로 나이 젊은 아들은 잃은 아버지의, 아무 데도 없지만, 어디에나 있는 아들을 그리는 시가 소개되었다.

　남은 시간이 얼마 되지 않다. 걸을 수 있는 날이 얼마나 남았을까, 사랑할 수 있는 날이 얼마나 남았을까. 마음은 영원히 소년인 김재진 시인이 하모니카를 들었다. 들리지 않는 오른쪽 귀는 반주자를 향하고 왼쪽은 우리를 향하여, 갈수록 자기 흥에 겨워 박자가 빨라진다. 급기야 프로그램에 없던 곡으로 흘러가고 말았다. 덕분에 우리는 머나먼 저곳 스와니 강물을 덤으로 들었다.

사회를 맡은 막내 김용락 시인이 마이크를 잡았다. 이렇게 중학교 동창, 저렇게는 고등학교 동창, 또 요렇게 우리는 대학교 동창, 이라고 자신들을 소개한다. 선후배로, 친구로 서로가 얽혔다. 사람은 얽혀져야 든든해지나 보다. 콘서트 '아름다운 시와 노래'가 열리는 동안 밖에는 모처럼 비가 내린다. 무대에서 토하는 고독과 그리움이 누런 조명 아래 객석에서 슬픔과 서러움의 눈물 방울이 된다.

〈고독은 깊음이다〉
무엇이 있고 없고, 에 매달리는 것
스스로 기쁨을 빼앗는다.
욕망은 나와 나 자신을 갈라놓는다.
두 마음으로 어떤 길을 가든
안정을 잃는다.
고독을 곁에 두지 못한다.
몰입을 놓친다.

트인 풍경은 거침이 없지만
나무 사이로 보이는 시야는 깊이가 이어진다.
상실과 절망과
고독 사이로

우리 인생도 깊어진다.

사탕발림처럼 기쁨 한 줄기 내린다.
마음이 고약해진다.
앞 광대를 지그시 누른다.
삶에의 끈은 약해지는 듯 점점 질기어진다.

| 맺는 글 혹은 소회 |

'짓다'

짓다, 농사를 짓고 밥을 짓는다. 옷을 짓고 집을 짓는다. 약도 짓는다. 시인은 시를 짓는다. 음악가는 곡을 짓고 가사를 짓는다. 글쟁이가 글을 짓는다. 우리는 짓는 가운데 먹고 입고 산다. 곧 삶이다. 삶은 우리 이야기, 우리의 현재다.

인간은 진화의 나뭇가지 가장 끄트머리에 섰다. 쉼 없이 외쳐댄다. 소리로 눈으로. 때로는 몸으로, 글로 외쳐댄다. 나도 펜을 쥐고 끄적거린다. 컴퓨터 화면에서 종일 지우고 쓰기를 반복한다. 토요일에는 큰 붓과 작은 붓을 바꿔 들고 뿌려댄다. 길인지 아닌지, 모를 곳을 내달린다. 저녁마다 태극권 수련을 한다.

내가 글쓰기를 시작한 것은 머릿속 생각을 한 줄로 늘어놓는 기술이 시원찮아서다. 기승전결이 없다. 시작부터 걸이다. 비단 글이나 말뿐만이 아니다. 행동에도 준비가 없다. 동서남북으로 튀는 생각을 우선 종이 위에 쏟아 놓는다. 순서를 돌리고 문장을 만들고 살을 붙이고 중복을 빼는 식으로 글을 썼다. 완성도를 올리기 위한 엉터리 방식이다. 설계가 없으니 무엇을 말하려는지 어수선하다. 글을 쓸 때 한 놈만 패라는데, 나는 곧잘 이리저리로 건너간다. 주제도 멋도 없다.

　설명이 부족하고 불친절하고 건조한 내 글과 비교해 3040 두 사람의 글은 리듬감 있고 시각적이다. 편안하고 안락한 분위기에서 글쓰기 수업을 할 수 있도록 자신의 거실을 내준 집주인의 글은 온화한 말씨처럼 부드럽다. 유쾌하고 아름답다. 우리들의 책상 위에는 항상 다과가 오르고, 손수 만든 요리까지 채워진다.

　글쓰기 수업 덕분에 나는 감히 젊고 예쁜 아가씨와 전철을 타고 수다를 떤다. 그녀는 나랑 밥도 같이 먹어준다. 나는 억지 50이다. 게으른 아버지 덕분으로 출생 신고가 한 해 늦었다. 어쨌든 글을 쓸 무렵은 분명 50대였다. 작년이었나? 가을 소풍으로 경주 박물관에 갔다. 전시실에서 그녀는 발을 양옆으로 거의 180도 가까이 벌리고 섰다. 훤칠하니 화려해 보였다. 그녀는 6월의 신부가 되었고, 한창 신혼의 단꿈을 맛보는 중일 것이다.

나이가 든다고 매너나 지혜가 저절로 생겨나지 않는다. 집에 오면 나는 앓기 시작한다. 여러 가지 반성과 후회로 마음을 끓이다가 다시 내 삶을 짓는다. 사는 것은 앓는 것인지, 매일 아프다. 그래도 또 짓는다. 글처럼 삶을, 삶처럼 글을.

글쓰기는 내게 침묵의 시간이고 휴식이었다. 아! 내 생각이 이러했구나, 내 과거가 이랬어, 내가 추구하는 가치는 이런 거였구나, 아, 나는 이런 바람이 있었구나, 알게 되었다. 귀한 시간이었다. 아름다운 품성을 가진 사람들을 만나서 더욱 귀하고 기쁘다.

김정화

블루베리스무디

초판 1쇄 인쇄 2025년 11월 29일
초판 1쇄 발행 2025년 11월 29일

지은이	김정화 이수성 임은빈
편집	송현선
발행처	도서출판 피서산장
발행인	박상욱
출판등록	2018년 6월 12일 제2022-000002호
주소	대구광역시 중구 이천로 222-51
전화	070-7464-0798
팩스	053-321-9979
이메일	badakin@daum.net

이 책은 저작권법에 의하여 한국 내에서 보호를 받는 저작물이므로 무단 전재와 무단 복제를 금합니다.